너와 나의 처음이 빛나는 놀이 육아

첫 순간
첫 놀이

첫 순간 첫 놀이

초판 1쇄 발행 2023년 3월 31일

지은이 | 강서경, 김남행, 김문정, 김혜진, 문진미

발행인 | 최윤서
편집장 | 최형임
디자인 | 김수경
마케팅 지원 | 최수정
펴낸 곳 | 교육과실천
도서문의 | 02-2264-7775
인쇄 | 031-945-6554 두성 P&L
일원화 구입처 | 031-407-6368 (주)태양서적
등록 | 2018년 4월 2일 제2018-000040호
주소 | 서울특별시 중구 창경궁로 18-1 동림비즈센터 505호
ISBN 979-11-90113-20-5 (13590)

책값은 뒤표지에 있습니다.
저작권법에 따라 한국 내에서 보호를 받는 저작물이므로 무단 전재 및 복제를 금합니다.

너와 나의 처음이 빛나는 놀이 육아

첫 순간 첫 놀이

강서경, 김남행, 김문정, 김혜진, 문진미 지음

교육과실천

서문

안녕하세요? 저희는 여러분과 마찬가지로 아이와 지지고 볶으며 하루하루 살아내는 다섯 명의 평범한 엄마들입니다.

저희에게는 교사라는 공통분모가 있어요. 교사로서 오랫동안 교육 현장에서 아이들을 가르치고 만나왔기에, 내 아이를 낳으면 잘 기를 수 있을 거라는 막연한 자신감을 가지고 있었던 것 같아요. 그런데 막상 아이를 낳아보니 모르는 것, 어려운 것투성이였습니다. 이 시기에 이런 발달이 맞는지? 다른 아이들은 잘 하는데 왜 우리 아이는 느린 건지? 그럼 나는 엄마로서 무엇을 해 주면 좋을지? 책이나 SNS를 찾아보며 내 아이의 발달과 비교하고 때론 초조해하기도 했었습니다.

그러다 아이가 며칠이나 용을 쓰더니 첫 뒤집기를 성공하던 그날, 아차 싶었습니다. '아이는 그토록 최선을 다해 자라는 중이었는데. 나는 무얼 바라보고 있었나?' 하는 생각이 들었습니다. 아이가 뒤집고 난 후 보여주는 그 뿌듯한 표정에 감동의 눈물이 핑 돌았죠. 그날 마주한 첫 뒤집기의 순간은 아이가 해야만 하는 발달적 과업으로 바라보면 걱정과 불안이었지만, 아이가 앞으로 해낼 수많은 가능성을 품은 첫 순간으로 바라보니 환희와 기쁨이었습니다.

오롯이 내 아이의 순간에 머물러 함께 호흡하며 관찰해봅니다. 아이의 눈빛이 어디에 닿는지, 손끝은 무엇을 하려고 하는지 살펴보니 아이의 생각과 마음이 보입니다. 아무것도 아닌 날, 아무것도 아닌 것처럼 반복되는 일상의 순간에도 아이는 꿈틀꿈틀 위대한 성장의 걸음을 내딛고 있었습니다.

누군가에게는 아무 일도 아닐 수 있지만, 엄마인 우리는 알죠. 고요한 육아의 적막을 깨며 혼자서 호들갑 떨게 되는 아이의 첫 순간들. 아이와 엄마 사이에서 생성되는 의미는 지극히 사적일지라도, 성장에 있어서 그 무엇도 결코 가볍지 않기에…. 이 책을 통해 여러분과 여러분의 소중한 아이가 겪어낼 첫 순간에 같이 호들갑을 떨어주고 싶었습니다.

모든 '첫 순간'은 첫 순간이자 마지막 순간이기도 해요. 시작의 설렘과 함께 지나가면 다시는 오지 않는다는 아이러니가 공존하죠. 그러니 아이 삶 사이에 존재하는 귀한 찰나들을 놓치지 말아요. 우리. 마음껏 느끼고 힘껏 사랑하고 한껏 끌어안으며 각자에게 소중한 순간들을 반짝반짝 빛내시길 바라는 마음으로 글을 보냅니다.

아이와의 놀이가 재밌고 편해지는 놀이 가이드

1. 아이의 관심과 호기심으로부터 시작되는 놀이를 함께해주세요.

놀이의 가장 큰 특징은 자발성과 자유로움입니다. 다시 말하자면 아이는 내적동기로부터 시작된 놀이를 자기 마음대로 펼칠 수 있을 때 가장 즐겁습니다. 또한 이때 가장 의미 있는 배움이 일어나기도 하지요. 아이를 잘 관찰해보면 아이가 지금 관심을 가지고 있는 것이 보입니다. 그 관심을 알아채고 함께해주세요. 아이의 흥미에 엄마의 상호작용이 더해져 더 재미있고 풍성한 놀이가 됩니다. '엄마가 내 마음을 어떻게 알았지?', '내가 하고 싶은 놀이를 엄마가 함께 놀아주니 정말 재밌네. 우리 엄마는 최고야!' 라고 생각하며 아기는 엄마에게 완전히 반하게 될 거에요.

2. 놀이 준비는 간단히, 준비의 과정도 아이와 함께해요.

놀이 준비는 최대한 쉽고 편안한 방법으로 하는 것이 좋습니다. 너무 공들여 놀이를 준비하면 아이가 내 맘처럼 놀아주지 않을 때 속상한 마음이 듭니다. 또 놀이 한 번 하는 것이 부담으로 다가와 자주 즐길 수 없게 되지요. 아이가 흥미를 가지고 몰입하는 놀이를 해주려면 많은 준비가 필요할 것 같지만 사실은 그렇지 않답니다. 야심차게 준비해 짜잔! 하고 내어놓기보다는, 재료준비 및 공간세팅의 과정을 되도록 간단하게 만들어보세요. 이때 놀이 준비과정에 아이를 참여시키는 것도 아주 좋은 방법입니다. 예를 들어 딸기잼을 만들기 위해 마트에 딸기를 사러 가고, 딸기 꼭지를 따는 과정은 아이에게 그 자체로 흥미 유발의 과정이자 소중한 경험이 될 수 있습니다.

3. 놀이할 때 가장 중요한 것은 아이를 존중하는 마음입니다.

놀이 할 때 어린 아이를 온전히 존중하는 일은 결코 쉽지 않습니다. 불쑥불쑥 올라오는 나의 생각과 취향을 잘 내려놓아야 합니다. 예를 들어 엄마는 물감을 톡톡톡 찍는 아이의 모습을 기대했더라도 아이가 물감을 섞는 것에 더 큰 흥미를 느끼고 있다면 물감 섞기 놀이를 충분히 하게 해주는 것이 아이에게는 더 좋습니다. 놀이를 통해 무언가를 가르쳐야 한다거나, 해내야 한다거나, 그럴듯한 결과물을 남겨야 한다는 마음을 내려놓고, 아이의 눈과 손을 따라가 보세요. 꼭 책에 나온 대로 놀이하지 않아도 괜찮습니다. 아이가 마음을 빼앗긴 그 지점에 머물러 함께 마음을 빼앗겨보세요.

4. 아이가 한껏 즐거워해야만 성공한 놀이는 아니랍니다.

우리는 놀이를 준비하며 환하게 웃는 아이의 모습을 상상합니다. 두부를 온몸과 욕조에 치덕치덕 바르고서라도 아이가 깔깔거리며 즐겁게 웃는다면, 번거로운 뒤처리쯤이야 괜찮습니다. 하지만 꼭 놀이에서 아이가 최고의 리액션을 보여주길 기대할 수는 없습니다. 때론 천천히 탐색하는 과정도, 때론 입술을 오므리며 애써 집중하는 과정도 아이에게는 놀이와 성장의 순간이랍니다. 아이의 기질에 따라 낯선 재료와 친해지는 데 많은 시간이 걸리는 경우도 있지요. 그러니 오늘의 놀이에 아이의 웃음이 가득하지 않았다고 하여 실망하지 않으셨으면 좋겠습니다. 엄마와 함께 호흡을 공유하는 그 순간이 오늘도 아이를 자라나게 하고 있으니까요.

5. 모든 순간이 놀이인 아이와의 일상을 즐겨보세요!

아이의 발걸음을 따라가기만 해도 우리의 하루는 놀이로 가득 찹니다. 비 오는 날 마주친 물웅덩이에서도, 바스락거리는 낙엽길 위에서도 늘 놀이를 찾아냅니다. 어른은 가지지 못한 아이들의 그 순수한 시선과 경쾌한 발걸음을 따라가 보세요. 해야 할 일은 살짝 접어두고, 뒷일은 잠시 모른 척할 때 우리는 아이의 마음으로 세상을 바라볼 수 있습니다. 생각지도 못한 놀이를 만들어내는 아이들의 능력에 감탄하며, 아이와의 일상 그대로를 즐겨보세요!

'첫 순간 첫 놀이' 활용법

놀이는 아이의 현재 관심사와 발달에 밀접하게 닿아있을 때 자연스럽게 일어나며 몰입을 이끕니다. 이에 우리는 현재 아이의 관심사와 발달이 보여주는 첫 순간을 1~4장 안에서 64개의 놀이로 연결하였습니다. 아이가 겪어나가는 첫 경험의 흐름에 따라 누구든, 어디서든, 쉽게 접근할 수 있는 방식으로 놀이를 풀었습니다. 특히, 특정 장난감이나 상품화된 놀잇감보다 일상에서 쉽게 발견할 수 있는 생활 도구와 자연물을 소재로 삼았습니다. 무엇보다도, 편의상 개월 수로 장을 구분 지었으나 내 아이의 성장시간표와 관심, 흥미를 잘 관찰하며 책 안에 소개된 놀이를 자유롭게 오가시길 바랍니다. 예를 들어, 6~12개월에 촉감놀이가 제시되어 있지만, 이 시기에 관심을 두지 않는다면 시간이 흐른 후에 다시 시도해 보세요. 그 사이에, 한 뼘 더 성장한 아이는 놀이에 더 깊게 빠져들 수도 있을 테니까요.

발달포인트 놀이를 통해 어떤 발달을 도울 수 있는지를 보여주는 대표 키워드입니다. 같은 놀이라도 아이마다 서로 다른 성장과 발달이 일어날 수 있으니, 이를 참고하여 아이의 발달 포인트를 관찰해보세요.

놀이 소개 이 시기에 도움이 되는 발달정보를 제공하고, 놀이의 전체적인 흐름과 방법을 소개합니다. 놀이를 시작하기 전에 읽어보면, 이 놀이에서 어떻게 아이의 성장을 지원할 수 있는지 알아 둘 수 있어요.

준비물 놀이에 필요한 기본적인 재료들입니다. 놀이시간에만 준비물을 주기보다는, 아이가 충분히 탐색할 수 있도록 미리 내주는 것도 좋습니다. 충분한 재료 탐색은 아이가 스스로 놀이를 창조할 수 있도록 도와줍니다.

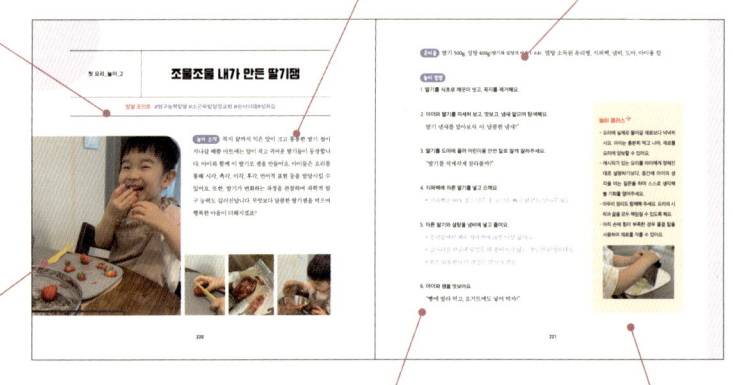

사진 놀이 진행 과정과 놀이의 모습을 쉽게 파악할 수 있어요.

놀이방법 놀이 순서와 함께 엄마가 쉽게 따라 할 수 있는 대화법이 제시되어 있습니다. 놀이하기 전에 한번 소리 내어 읽어보세요. 어떻게 상호작용해 줘야 할지 모를 때, 이 방법이 도움이 될 수 있습니다. 제시된 놀이방법이 아니더라도 아이가 보여주는 반응에 따라 엄마만의 놀이방법을 만들어 갈 수도 있습니다.

놀이플러스 놀이 시 안전상 주의해야 할 점, 놀이의 확장 방법 등 놀이 중 알아두면 좋은 정보를 소개합니다. 이를 활용하여 더 즐겁고 다채로운 놀이를 이어가 보세요.

'계절의 우리, 계절의 놀이' 활용법

'계절의 우리, 계절이 놀이'에서는 아이의 행동과 눈빛, 자연의 흐름과 변화, 그리고 엄마가 느끼는 감정을 녹여 아이와의 삶과 놀이를 일기처럼 기록해 보았습니다. 이 기록을 읽다 보면 "맞아 그렇겠다.", "나도 저랬지!" 하며 공감하게 되실 거예요. 봄, 여름, 가을, 겨울의 흐름을 타고 자연스럽게 펼쳐지는 놀이로 아이와 함께 여행해 보세요. 아이의 개월 수와 발달 수준에 따라 정해진 놀이를 벗어나서요. 계절에 흠뻑 빠져 놀다 보면, 생각지 못한 곳에서 발견하는 자연의 경이로움과 아이가 보여주는 자연과의 교감을 함께 경험할 수 있을 거예요.

놀이 조각 일상에서 아이와 함께 자연스럽게 만들어간 계절놀이를 소개합니다. 무궁무진한 자연을 품은 계절은 아이마다 다른 감각과 생각을 느끼게 합니다. 내 아이는 어느 계절의 무엇을 바라보고 있을까요? 그 시선의 끝을 따라가 보세요.

이야기 각 계절에 머무른 엄마의 생각과 감정, 기분을 이야기로 담았습니다. 우리가 미리 경험하고 기록해 둔 이 이야기가 각자의 계절이야기를 만들어가는 데 도움이 되었으면 합니다.

사진 자연에서 놀이하는 다양한 아이들의 사진을 넣었습니다. 자연을 만나는 아이들의 표정과 모습을 통해 놀이를 더 생생하게 느낄 수 있습니다.

차례

서문 • 4 / 아이와의 놀이가 재밌고 편해지는 놀이 가이드 • 6

제1장 0~6개월 어서와, 이 세상에 온 걸 환영해

01 첫 눈맞춤   놀이1 엄마 눈, 아가 눈 뽀뽀 쪽쪽 • 18   놀이2 살랑살랑 엄마 모빌 • 20

02 첫 목욕   놀이1 손가락 발가락 간질간질 • 24   놀이2 똑똑똑 약병 샤워기 • 26

03 첫 마사지   놀이1 엄마의 힐링 마사지 • 30   놀이2 자연을 담은 엄마의 손길 • 34

04 첫 터미   놀이1 인형 눈싸움 • 38   놀이2 이불 썰매는 즐거워! • 40

05 첫 까꿍 놀이   놀이1 가제 손수건 까꿍 • 44   놀이2 사락사락 셀로판지 까꿍 • 46

06 첫 옹알이   놀이1 응답하라, 옹알이! • 50   놀이2 어디서 나는 소리일까? • 52

07 첫 주먹 보기   놀이1 주먹 풍선이 팔랑팔랑 • 56   놀이2 주먹 만세 만만세! • 58

08 첫 배밀이   놀이1 배밀이 놀이터 • 62   놀이2 딸랑딸랑 배밀이 놀이 • 64

🌿 육퇴클럽 01. 0~6개월의 아기와 어떻게 놀이하며 상호작용하지? • 66

제2장　7~12개월　세상은 정말 재미있는 곳이야

| 09 첫 음식 | 놀이1 보들보들 얌얌 두부 · 74 | 놀이2 보랏빛으로 물드는 적양배추 놀이 · 76 |

09 첫 음식　놀이1 보들보들 얌얌 두부 · 74　　놀이2 보랏빛으로 물드는 적양배추 놀이 · 76

10 첫 감촉　놀이1 문질문질 톡톡 엄마표 촉감판 · 80　　놀이2 간질간질 세발나물 · 82

11 첫 손놀이　놀이1 장난감 구출작전 · 86　　놀이2 테이프를 쭈우욱! · 88

12 첫 거울놀이　놀이1 거울 속에 내가 보이네? · 92　　놀이2 거울 속에 비친 우리 · 94

13 첫 엄마, 아빠　놀이1 엄마, 요기! 아빠, 요기! · 98　　놀이2 책 속에 엄마, 아빠가 있어요 · 100

14 첫 흉내 내기　놀이1 재미있는 엄마 흉내 · 104　　놀이2 곤지곤지 잼잼 · 106

15 첫 걸음마　놀이1 으쌰! 일어나서 포스트잇 떼기 · 110　　놀이2 아장아장, 하이파이브! · 112

16 첫 생일　놀이1 오트밀 케이크 놀이 · 116　　놀이2 나의 첫 생일카드 · 118

✿ 육퇴클럽 02. 촉감놀이가 궁금해? · 120

제3장　13~18개월　반짝이는 호기심으로 즐기고

17 첫 애정표현　놀이1 우리만의 애정표현 •128　　놀이2 우리 가족 예쁜 손 •130

18 첫 리듬　놀이1 리듬을 따라서 동동탁! •134　　놀이2 흔들흔들~ 댄스파티 •136

19 첫 끼적거림　놀이1 어떤 종이에 그려볼까? •140　　놀이2 어라 물그림이 사라지네? •144

20 첫 심부름　놀이1 미션! 첫 장보기 •148　　놀이2 주세요~ 감사합니다~ •150

21 첫 숨바꼭질　놀이1 우산 속에 쏘옥~ 숨어라! •154　　놀이2 반짝반짝 호일 속에 무엇이 들었을까? •156

22 첫 그림자놀이　놀이1 신기한 그림자 놀이터 •160　　놀이2 색색깔깔 빛을 만나요 •162

23 첫 멋내기　놀이1 세상에 하나뿐인 패션 가방 •166　　놀이2 나만의 옷 꾸미기 •168

24 첫 어린이집　놀이1 어린이집과 친해지는 적응 놀이 •172　　놀이2 우리 다시 만나!(약속 사인 만들기) •174

🍀 육퇴클럽 03. 주도성이 높은 아이로 키우자! •176

제4장　19~24개월　너의 색으로 물들여봐

25 첫 점프
놀이1 뽁뽁이 위로 폴짝! · 184
놀이2 날아서 풍선을 톡! · 186

26 첫 자연물 놀이
놀이1 살아나라 얍! 자연물과 친구 되기 · 190
놀이2 내 손에서 피어난 유토 · 192

27 첫 마주이야기
놀이1 마주 귀 기울이기 · 196
놀이2 우리 가족 말 주머니 · 198

28 첫 탈것
놀이1 자동차가 종이컵을 만났어! · 202
놀이2 굴리고, 흔적을 남기고 · 204

29 첫 색깔 놀이
놀이1 말랑말랑 색 놀이 · 208
놀이2 그리고 또 그리고 · 210

30 첫 요리
놀이1 재료 손질하는 꼬마 요리사의 하루 · 216
놀이2 조물조물 내가 만든 딸기잼 · 220

31 첫 내 공간
놀이1 테이프로 만드는 내 공간 · 224
놀이2 상자 집 프로젝트 · 226

32 첫 기저귀 떼기
놀이1 기저귀 빠이 빠이 · 230
놀이2 팬티야 반가워! · 232

★ 육퇴클럽 04. 어떻게 책을 읽어주어야 할까? · 234

계절의 우리, 계절의 놀이 : 일상을 담은 계절 놀이

봄 · 244　　여름 · 252　　가을 · 262　　겨울 · 270

책 속 추천도서 · 284　/　저자소개 · 286　/　추천의 글 · 288

* 일러두기
이 책에서는 편의상 '엄마'라는 용어를 대표적으로 사용하고 있지만, 그 안에는 아빠, 조부모님, 이모, 고모, 삼촌 등 아이를 진심으로 사랑하는 모든 분들과 함께하기를 소망하는 마음이 담겨있다는 것을 알려드립니다.

제1장

0~6개월

어서 와, 이 세상에 온 걸 환영해

어서 와, 아가야!

갓 태어난 아기가 세상에 적응하며 그 어느 때보다도 급격한 성장을 하는 시기입니다. 아기와의 안정적인 애착 관계 형성은 세상을 향한 신뢰감을 주는데 중요한 요인으로 작용해요. 오감각을 비롯한 신체 인식이 이루어지면서, 손에 닿는 모든 물건을 입에 넣어 확인하고자 합니다. 옹알이를 통해 감정과 의사를 표현하기도 해요. 아기가 보여주는 모든 언어, 눈짓, 표정, 몸짓에 집중하며 교감해보세요. 아기의 성장에 엄마는 하루하루가 감동으로 가득 찰 거예요.

01 첫 눈맞춤

너와 나의 눈이 마주쳤다.
너의 모습을 담아내고 또 담아내도 보고 싶어진다.

아기와의 첫 눈맞춤, 나의 모든 세상은 멈췄다. 내 세상에 너와 나만 존재하는 기분, 눈에서는 눈물이 흐르는데 입꼬리는 올라간다. 희한하게도 춤을 추고 싶을 만큼 심장이 두근거렸다.

임신이 어려웠던 나에게 아기는 오랜 기도와도 같았다. 이상하다, 그토록 바라 왔던 아기였지만 임신 기간 동안 나의 감정은 오르락내리락 파도쳤다. 불룩 나온 배를 사람들 앞에 자랑하고 싶다가도, 배가 딱딱하게 뭉쳐올 때면 너무 힘들어 끝없이 한숨이 나왔다. 혹여 그 한숨을 아기가 들을까 걱정돼 '미안해, 미안해'를 반복하기도 했다.

추운 겨울, 나의 아기를 만나러 가던 날 만감이 교차했다. 태동이 강하던 아기는, 곧 태어날 것을 알았는지 어느 때보다 조용했다. '아가야, 우리 조금 이따가 만나자.' 분만실이 우리 아기 울음소리로 가득하다. 드디어 네가 태어났구나. 누군가의 울음소리가 이렇게 반가운 적이 있던가? 나도 왈칵 눈물이 쏟아진다. 간호사가 아기를 안아 내 품으로 데려왔다. 아기를 눈에 담고 싶은데 계속 흐르는 눈물 때문에 아기가 흐릿해진다. 울컥한 마음을 꿀꺽 삼키고 아기를 바라보니 우렁차게 울던 아기는 울음을 잠시 멈춘다.

뜬 건지 감은 건지 모를 작은 눈이 퉁퉁 부은 나의 눈과 맞닿은 순간, 우리는 처음 서로 마주했다.
그렇게 엄마가 되었다.

첫 눈맞춤_놀이1

엄마 눈, 아가 눈 뽀뽀 쪽쪽

★ **발달 포인트** #시각발달 #청각발달 #애착형성 #감각발달 #사회정서발달

놀이 소개 신생아는 태어나 몇 시간 만에 엄마의 얼굴을 구별해 내고 더 좋아하게 되는데 엄마의 얼굴에 대한 선호는 목소리가 들리면 더욱 분명해집니다. 아기가 가장 먼저 애착을 보이는 대상인 엄마와 함께 눈 주변 근육을 쑥쑥 키우고 시력이 발달할 수 있는 놀이를 소개합니다. 이 놀이는 출산 직후부터 아기와 함께 라면 언제 어디서나 가능한 놀이입니다.

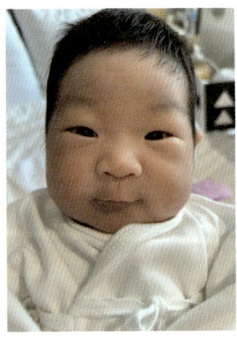 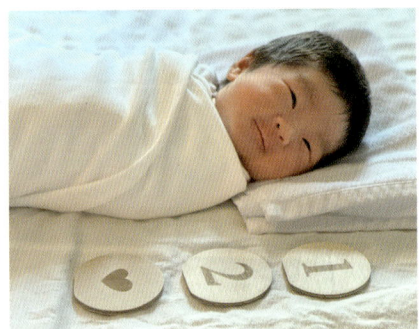

준비물 엄마와 아기의 사랑스러운 눈빛

놀이 방법

1. 30cm 정도 떨어진 위치에서 미소를 띠며 아기를 지그시 바라봐 주세요.

   "안녕, 아가야, 세상에 온 것을 환영해."
   "엄마 눈이 아기 눈을 보고 있구나."
   "우리 아기 눈이 엄마 눈 보고 있네."

2. 아기가 관심을 보이면 좀 더 가까이 다가가 아기 이름을 넣어 만든 노래를 부르며 눈을 마주쳐 주세요.

   "반짝반짝 아가별, 아름답게 비치네." "아가야, 엄마는 너를 사랑해."

3. 아기의 눈을 바라보며 속삭여요.

   "우리 아기 눈 속에 엄마 있네." "엄마 눈, 아가 눈 뽀뽀~쪼옥~!"

4. 엄마 얼굴을 좌우로 방향을 매우 천천히 부드럽게 바꾸어 가며 아기의 이름을 불러주세요.

   "아가야, 엄마가 어딨지?" "엄마랑 만났네요. 반가워요."

5. 아기가 엄마의 온기를 느낄 수 있도록 살며시 안아주며 눈을 마주쳐보세요.

   "우리 아가의 반짝이는 눈, 사랑해."

놀이 플러스

- 이 시기 아기는 흑백으로 세상을 바라보기 때문에 평소에 대비되는 색의 옷을 입는 것이 아기의 시각을 자극하는 데 도움이 돼요.
- 시각 발달 놀이지만 청각 자극이 함께 이루어질 때 더 오래 응시할 수 있어요. 엄마의 다양한 언어와 목소리를 들려주세요.
- 수유 시간, 기저귀를 갈 때, 안아줄 때 등 시간이 날 때마다 눈 맞춤을 시도해 주세요. 아기와의 눈 맞춤은 애착 형성에 도움이 됩니다.

첫 눈맞춤_놀이2

살랑살랑 엄마 모빌

★ **발달 포인트** #시력발달 #눈과손의협응 #소근육발달 #애착형성 #색상인지

놀이 소개 아기는 생후 4주부터 50cm 정도 떨어진 곳을 희미하게 보기 시작해요. 5~6주가 되면 사물을 응시할 수 있게 되죠. 이 시기에는 모빌을 통해 시각 발달을 도와요. 생활 속에서 흔히 볼 수 있는 거품기로 엄마표 모빌을 만들어 볼까요? 흔히 사용하는 고정식 모빌과는 다르게 언제 어디서나 다양한 색을 제시할 수 있습니다. 엄마와 아기가 교감을 나눌 수 있는 가볍고 재미있는 모빌로 살랑 살랑 놀이를 시작해 보아요.

준비물 색깔 리본, 거품기

놀이 방법

1. 거품기에 각종 리본을 엮어 모빌을 만들어주세요. 엄마표 모빌 완성!

2. 아기를 눕혀주거나 엎드리게 해주세요. 처음에는 적은 가닥의 리본을 흔들어 보여주며 탐색의 시간을 가져 봐요.

   "안녕, 아가야. 리본 친구가 우리 집에 놀러 왔어요."

   "살랑살랑 바람에 흔들리네."

   "이건 무슨 색깔일까? 빨간색, 분홍색이 흔들리고 있네."

3. 가닥을 늘려 더 많은 리본의 모빌을 흔들며 보여주세요.

   * 아기가 잡으려고 손을 뻗으면 위아래로 방향을 전환해주며 아기의 시선을 관찰해요.

   "우리 아기가 엄마를 보고 있네."

   "(오른쪽으로 천천히 이동하며) 리본도 보고 있구나."

   "리본을 만져볼까? 부드럽지?"

4. 아기는 오래 집중하기 어려워요. 관심을 다른 곳으로 돌릴 때쯤 놀이를 마무리해요.

   "리본 친구가 이제는 집에 가야 한대. 우리 또 만나자."

놀이 플러스 +

- 선물을 묶은 끈, 케이크를 포장했던 리본들을 모아두었다가 엮어 보세요. 다양한 모양, 색깔, 두께라면 더욱 좋은 놀잇감이 될 수 있습니다. 단, 사용하는 리본 끈은 청결한 것이어야 합니다.
- 리본에 작은 방울, 호두, 공을 달아주면 시청각적으로 놀이를 확장할 수 있어요.
- 리본을 빠르게 움직이면 자칫 공포심을 느낄 수 있으므로 천천히 흔들어 주세요.
- 거품기가 없다면 나무젓가락이나 막대 등을 활용해도 좋아요.

02 첫 목욕

목욕은 네가 했는데 왜 온몸은 내가 젖었을까?

머리에 물이 닿자마자 아기의 얼굴은 빨개지고 울음소리가 온 방을 메운다. 엄마, 아빠는 우왕좌왕. 이런 난리가 없다. "아기 잠 오나 봐. 빨리 물 받자." 우리 부부는 아기를 씻기기 위해 방 온도를 높이고, 목욕물을 받는다. 온도는 38도. 조금의 오차도 용납하지 않는다. 조금이라도 집중하지 않으면 몸을 제대로 가누지 못하는 아기가 다칠 수도 있으므로 더욱 조심스럽다. 방안 훈기가 돌고, 아기 목욕물이 준비되었다. 비누 냄새 폴폴 나는 새 옷과 기저귀까지. 얼굴에 손수건이 닿자 빙그레 웃는 아기. '너의 미소만큼이나 오늘의 목욕시간은 편안히 지나갔으면' 하고 생각해본다.

도대체 언제쯤 적응이 될까 싶었는데 5개월쯤 되니 목욕 달인이 된 것 같다. 이제는 아기도 목욕을 즐기는 것 같다.

발가벗은 몸이 너무 귀엽다. 포동포동 오른 젖살, 고사리손, 좁은 목욕통에서 자신의 몸을 이리저리 움직이려 움직이는 어색한 몸놀림까지도 영원히 눈 속에 담고 싶다. 아기가 처음 우리에게 왔던 모습이 기억나서일까? 목욕 시간은 우리의 처음 같고, 매 순간 가슴이 몰랑해지게 만든다.

첫 목욕_놀이1

손가락 발가락 간질간질

★ 발달 포인트   #대근육발달 #시각발달 #감각발달 #정서발달

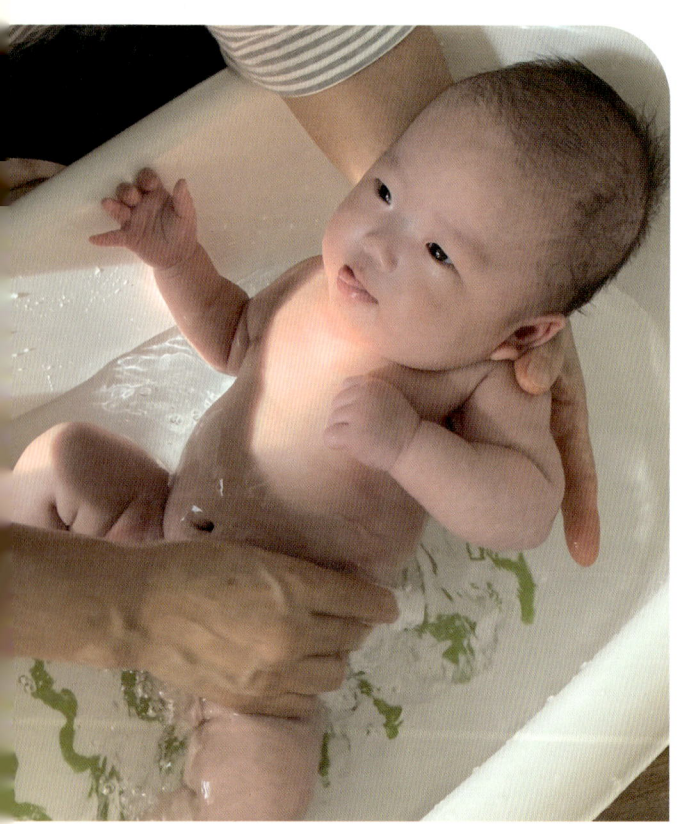

놀이 소개 목욕시간은 아기를 가장 자세히 들여다보고 몸으로 교감을 나눌 수 있는 시간이에요. 초보 부모에게는 긴장의 시간이기도 하지만, 작고 부드러운 몸을 어루만지며 서로의 온기를 나눌 수 있는 시간이 되기도 합니다. 따뜻한 물속에서 엄마, 아빠가 어루만지는 손길로 아기가 그저 편안하게 이완할 수만 있다면 얼마나 좋을까요? 온전히 아기에게 집중하는 시간을 마련해 보세요.

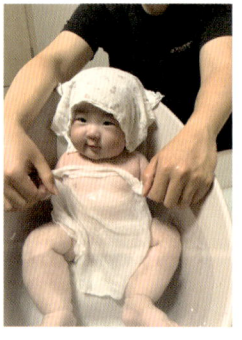
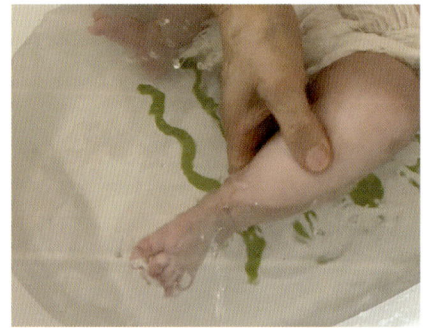

준비물 목욕 바구니, 온도계, 목욕물

놀이 방법

1. 긴장된 아기의 얼굴을 편안히 바라보며 물속에 몸을 담가주세요.

    "우리 아기 목욕할 준비 됐어요? 엄마랑 목욕하고, 닦고, 로션 바르고, 코코 하러 가자~"

2. 목욕 중인 아기와 의태어, 의성어를 사용하며 대화해요.

    "발끝에 물 '퐁당' 해볼까?" "우리 아기 작은 손가락(발가락) 만지작만지작!"

    "아이, 귀여워~ 엄마 손 크다! 아기 손 작다~" "물이 참방참방!"

    "간질간질, 아이 간지러워." "손과 다리가 요리조리 움직이네."

3. 엄마 손으로 아기 손과 발을 가볍게 움켜쥐고 물속에 넣어요. 조물조물 만져주세요.

    "물속으로 풍덩~ 물 밖으로 쏘옥 나왔네."

    "조물조물 부드러운 아기 손~"

4. 목욕을 마무리해요.

    "목욕이 끝났어요. 물 닦고, 로션 바르자 톡톡~"

놀이 플러스

- 목욕을 시작하기 전 목욕물, 목욕용품을 미리 준비해요.
- 신생아 목욕물 온도는 38도가 적절합니다. 만약, 온도계가 없다면 팔꿈치를 물에 담갔을 때 살짝 따뜻함이 느껴지는 경우가 목욕하기에 좋은 온도입니다.
- 목욕하는 동안 아기의 눈을 보고 웃어주며 이야기를 해주어요. 불안할 수 있는 아기의 마음을 편안하게 해줍니다.

첫 목욕_놀이2

똑똑똑 약병 샤워기

★ **발달 포인트** #시각발달 #청각발달 #눈과손의협응 #과학적탐구

놀이 소개 아기가 어느 정도 자신의 목을 가누게 되고 기대어 앉을 힘이 생기면 주위의 현상들에 관심을 가지기 시작합니다. 목욕시간에 다양한 도구를 사용하여 놀이해보세요. 생활 속에서 자주 쓰이는 물약 병은 구하기도 쉬울뿐더러 물방울의 속도를 엄마가 조절할 수 있어 아기에게 흥미로운 놀잇감이 됩니다. 물방울이 떨어지는 현상을 관찰하며 탐구의 시간을 가질 수 있고, 떨어지는 물방울을 잡으려는 팔의 움직임은 대 근육 발달에 도움을 줍니다.

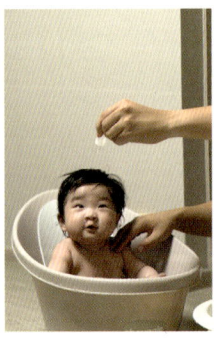 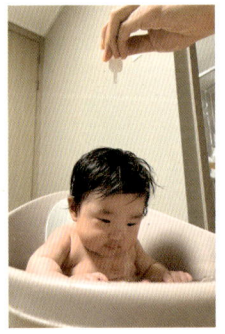 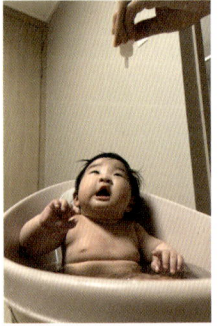

준비물 각종 크기의 약병, 아기 욕조

놀이 방법

1. 목욕물이 담긴 욕조에 아기를 앉힙니다.

    "아기야, 우리 목욕할까~ 따뜻해~물에 풍덩!"

    "팔도 뽀득, 손도 뽀득, 세균아 잘 가~"

2. 약병을 탐색해요.

    "약병이 물 위에 둥둥~ 떠 있네."

3. 아기의 손이나 몸에 물방울을 떨어트려요.

    "똑또로똑똑 물방울이 떨어지고 있어~"

    "물방울아, 안녕~ 만나서 반가워."

4. 약병 높이를 조절하면서 놀이해요.

    "물방울을 잡아볼까?" "물방울을 잡으려고 손을 내밀었어?"

    "손가락에 톡 떨어졌네."

놀이 플러스

- 물이 떨어지는 모습을 보면서 아기가 좋아서 발버둥을 칠 수 있어요. 미끄러지지 않도록 잘 살펴요.
- 작은 주전자, 물, 컵, 물병 등 다양한 일상 도구를 활용해 봐요.
- 목욕 놀이에 도움이 되는 책을 소개해요. 물에 닿으면 색깔이 바뀌어 목욕 할 때 흥미를 높여준답니다.

03 첫 마사지

엄마가 나의 몸을 만져주면 잠이 스르르….
너를 만져줄 때면 엄마도 엄마의 손길이 생각나고 그리워져.
아기야, 너도 기억해 줄래. 엄마의 온기를!

"엄마 손은 약손, 우리 아기 배는 똥배" 어릴 적 배앓이를 할 때면 엄마는 나의 배를 어루만져 주셨다. 그러면 언제 아팠냐는 듯 금세 배가 괜찮아졌다. 부드러운 엄마의 음성과 손에서 전해지는 온기가 더해졌던 것이 아닐까? 만져준다는 것은 아픔까지 낫게 하는 엄청난 힘이 있는 것 같다.

아기가 배앓이로 힘들어하며 잠을 설치던 날, 엄마가 어린 나에게 해주던 마사지가 생각났다. 나는 두 손을 비벼 따뜻하게 만든 후 아기의 배를 마사지했다. 좀 더 능숙해진 나의 손길에 동그란 눈으로 바라보며 웃어준다. '너 우리의 정성을 알아주는 거야?' 몸이 편안해진 네가, 두 발을 바닥에 쿵쿵 치며 좋아한다.

엄마의 옷깃을 잡아보려는 듯 어렵게 내뻗는 너의 손을 슬며시 잡아본다. "부드러워, 아가야~ 엄마 손 잡아 볼까?" 손을 쓰다듬으며 마사지하고, 발을 조물조물, 다리를 문질러본다. "우리 아기, 웃고 있네! 엄마가 해줘서 더 시원한 거지? 아이 예뻐" 감탄사가 절로 나온다. 엄마의 따스한 손길이 지나간 온기 위에 아기의 미소가 남는다.

첫 마사지_놀이1

엄마의 힐링 마사지

★ 발달 포인트 #정서발달 #안정애착 #스킨쉽 #혈액순환 #교감나누기

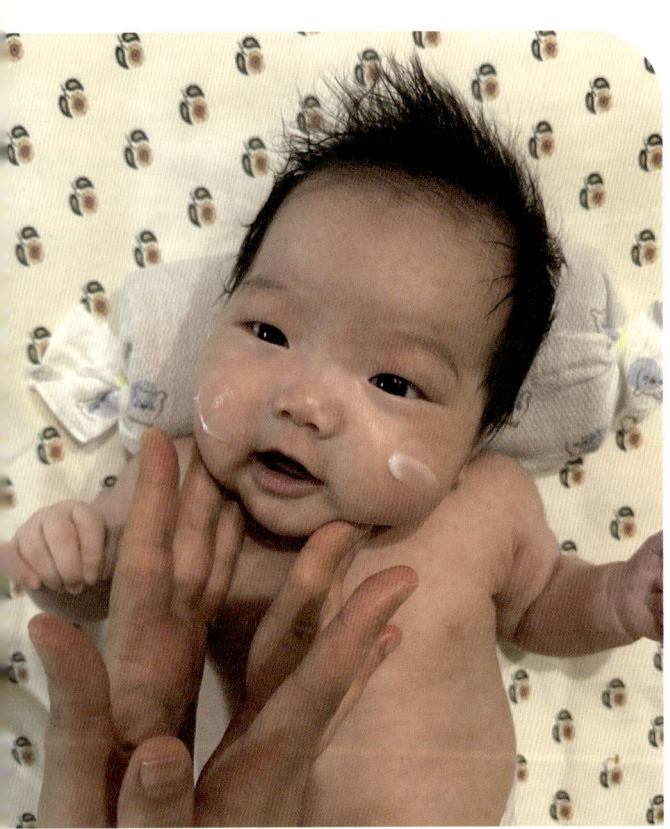

놀이 소개 엄마와 아기의 애착 형성에 마사지는 중요한 역할을 해요. 아기는 새로운 세상을 만나며 불안하고 불편함을 느끼게 되는데 이때 아기를 안아주고, 쓰다듬어주는 촉각적 행위는 아기를 안정적으로 발달시키기 때문이죠. 마사지에 아기의 생각과 마음이 자라게 하는 아름다운 말이 더해진다면 금상첨화겠죠? 엄마의 사랑스러운 목소리와 손길로 쑥쑥 자랄 우리 아기와 함께 마사지 놀이를 시작해 봐요.

- 마사지 하면서 들으면 좋은 음악 소개 : 유튜브 '스파음악' 검색
- 마사지의 효과 : 긴장되어 있는 아기 몸의 근육을 이완시켜주어 긴장감을 해소해줘요. 두뇌발달, 감각발달, 튼튼한 뼈와 몸을 만드는 데 도움이 됩니다. 엄마와의 지속적인 교감을 통해 긍정적인 애착 형성을 형성 할 수 있어요.

준비물 편안한 매트, 마사지 오일, 로션

놀이 방법

1. 아기를 바닥에 눕혀준 후, 손을 몸에 가볍게 올려 놓아주세요.

    (아기의 눈을 바라보며) "우리 아기 잘 잤어요? 엄마 얼굴 보고 있네~"

2. 마사지 오일을 손에 바른 후 아기의 신체 일부를 부드럽게 만져요. 심장과 먼 쪽부터 시작하도록 해요.

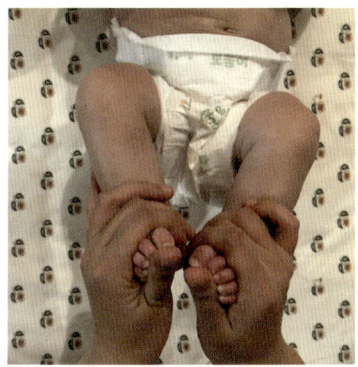

- 발 마사지 : 차가워지는 아기의 발을 자주 만져주세요.

    "발등을 스르륵, 우리 아기 발이 많이 컸네?"

    "엄지발가락을 꼼지락꼼지락!"

    "너의 발이 닿는 모든 곳은 사랑의 땅이 될 거야."

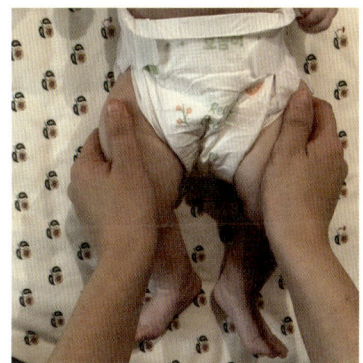

- 다리 마사지 : 양다리를 잡고 가볍게 아래로 쓰윽 만져주세요.

    "넓은 세상을 뛰어다닐 너의 두 다리, 사랑스러워."

    "네가 가고 싶은 곳은 어디든 여행할 수 있을 거야."

    "우리 아기 긴장한 다리, 편안하게 해주세요."

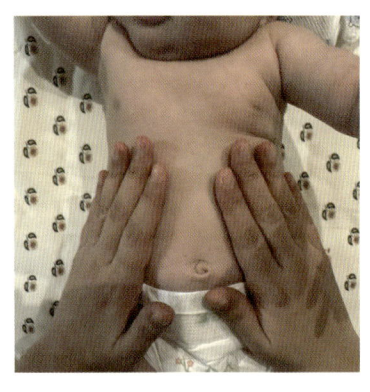

- **배 마사지** : 시계방향으로 배를 살살 어루만져 주세요.

 "우리 아기가 먹는 모든 음식 소화 잘 되게 도와주세요."
 "따뜻한 엄마의 온기를 느끼며 포근히 쉬렴."
 "보들 보들 우리 아기 배, 따뜻한 엄마 손으로 부비부비~"

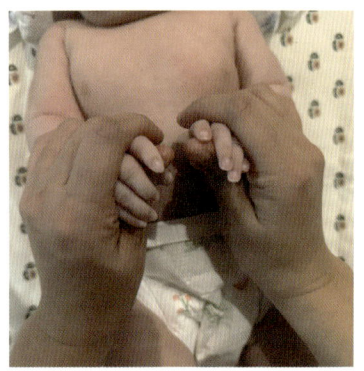

- **손 마사지** : 아기의 손을 부드럽게 만지며 근육의 긴장을 풀어주세요.

 "우리 아기 손 여기 있네~ 엄마가 만져볼까? 아이 부드러워~"
 "아기 엄지손가락을 만져볼까, 손바닥도 만져보자."
 "무엇이든 할 수 있는 너의 두 손이야~!"

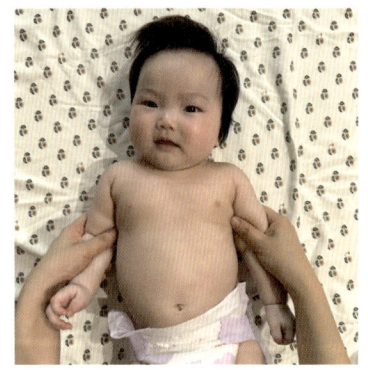

- **팔 마사지** : 아기의 두 팔을 두 손으로 가볍게 감싸고 주물러주세요.

 "엄마를 꼬옥 안아줄 너의 두 팔, 사랑스러워."
 "길쭉길쭉 두 팔~ 길어져라! 길어져라!"
 "우리 아기 튼튼한 팔 힘세져라~ 으랏차차!"
 "두 팔로 넓은 세상을 품는 사람이 되렴."

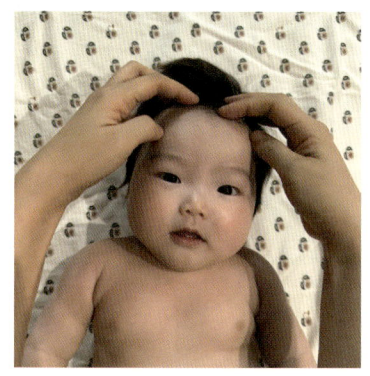

- **머리 마사지** : 머리를 쓰다듬으며 사랑의 언어를 전해요.

    "슬기로운 생각이 쑥쑥 자라는 우리 아기 머리, 쓰담 쓰담~"

    "우리 아기 동글동글 머리 시원하게 마사지해줄게."

    "생각주머니들아, 말랑말랑 해져라~"

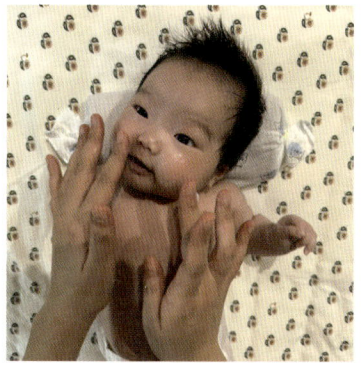

- **얼굴 마사지** : 볼을 양옆으로 부드럽게 만져주세요.

    "포동포동 우리 아기 얼굴, 엄마를 보고 웃고 있네. 사랑스러워."

    (얼굴은 아기가 거부감을 보이기 쉬우므로 가장 마지막에 해주세요)

    "보들보들 우리 아기 피부 매끈해져라."

    "우리아기 예쁜 얼굴 반짝반짝 빛나라."

놀이 플러스

- 마사지는 아기에게도 도움이 되지만 마사지를 해주며 아기를 만지는 것이 산후 우울증을 겪는 엄마들에게도 도움이 된답니다. 꾸준한 아기와의 교감 나누기를 통해 기분전환을 시도해보세요.
- 노래를 흥얼거리며 마사지를 해주세요. 아기의 기분을 더욱 좋게 하고, 엄마의 입 모양, 음악 소리에 귀를 기울이며 집중하게 될 거예요. 그 노래를 들을 때마다 엄마와의 소중한 순간이 기억날 거예요.
- 마사지에 도움이 되는 책을 소개해요.

첫 마사지_놀이2

자연을 담은 엄마의 손길

★ **발달 포인트** #감각통합 #자연경험 #탐구력형성 #환경탐구 #대근육발달

놀이 소개 자연은 꾸밈이 없고 드넓으며 아이들이 언제나 만날 수 있는 가장 좋은 환경입니다. 오감을 열어주는 자연 속에서 아기와 함께 마사지를 해보세요. 엎드린 자세를 한 아기는 허리를 더욱 들어 올려 날아가는 새, 나비, 바람을 느껴요. 누워있는 아기의 시야에 보이는 나무, 살랑이는 나뭇잎, 구름들을 눈에 담을 수 있어요.

준비물 안전한 매트, 자연환경

놀이 방법

1. 야외에 매트를 깔고 아기를 눕혀주세요.

   "우와, 아가야 하늘에 나비가 날아가네. 참새도 짹짹짹~"

   "나뭇잎이 살랑살랑, 아가에게 바람을 불어주는구나!"

   "산들산들 바람이 우리 아기 얼굴을 마사지하네."

2. 나무 아래에 아기를 눕히고, 나뭇잎으로 손을 간질여요.

   "간질간질, 나뭇잎이 우리 아기 손에 닿았네. 아이 간지러워~"

   "나뭇잎을 툭 쳐볼까. 흔들흔들~"

   "꽃잎이 춤을 추네."

3. 두 손으로 아기의 손, 팔, 다리를 마사지해주세요.

   "바람아, 나뭇잎아 우리 아기 튼튼하게 자랄 수 있게 함께 노래해 주렴."

4. 마사지 후, 아기가 자연스럽게 주위를 보며 탐색할 수 있도록 머물러주세요. 아기는 스스로 감각을 열고 자연과 교감할 거예요.

놀이 플러스

- 안전한 자연물은 손에 꼭 쥐어볼 수 있도록 도와주세요. (나뭇잎, 매끈한 돌 등) 아기가 자연물을 만진 후에는 깨끗하게 닦아주세요.
- 공기 상태를 잘 살펴봐 주세요. (미세먼지, 꽃가루 알레르기)
- 안전한 잔디밭, 흙바닥의 경우 얇은 매트를 깔고 놀이하면 아이가 땅의 기운을 그대로 느낄 수 있어요.
- 날씨가 추울 경우, 자연경관이 보이는 실내에서 아기가 바깥을 자유롭게 관찰할 수 있도록 도와주세요.

04 첫 터미

먼 훗날 무럭무럭 자라나 엄마에게 삶이 힘들다 말할 때, 아가였던 너의 이야기를 전해줄게.
어린 날, 이토록 열정을 다해 네 작은 몸을 가누던 너를 기억하며 부디 힘을 내어 달라고.

너의 얼굴이 새빨개지고, 두 팔과 두 다리에 힘이 힘껏 들어갔다. 이리저리 몸을 흔들어도 보고 고개를 들어보려 하지만 쉽게 되지 않는다. 이쯤 되면 다들 엎드려서 목을 가눈다는데 너는 왜 늦어지는 거지? 괜한 걱정을 한다. 얼마 후, 그토록 힘들게 시도하던 5초 터미 타임에 성공했다. 기다렸던 만큼 기쁜 마음에 소리를 지르며 방방 뛰었다. 참 소란스러운 행복이다. 이게 뭐라고.

이 시기에 아기들은 어느 때보다 도전적이다. 홍당무처럼 붉어진 너의 얼굴, 송골송골 맺힌 땀, 조금이라도 터져 버릴 것만 같은 얼굴을 보니 엄마 마음은 조마조마하여 당장 안아주고 싶다. 아기의 발달과정과 부모의 발달과정은 같은 선상에 있다고 했던가. 네가 한 단계씩 발달을 거듭해 갈수록 엄마, 아빠도 커 가고 있는 듯하다. 때가 되었다는 듯, 자신과 싸움에서 지지 않고, 포기하지 않고 버티는 너를 보며, 부모로서의 나를 바라보게 된다. 너의 시작을 충분히 기다려 줄 줄 아는, 적어도 너에게 '도전'을 말하기에 부끄럽지 않은 삶의 선배가 되어야지.

방금 또 끙끙대며 간신히 얼굴은 든 너와 눈이 마주쳤다. 네가 돌아보면 언제나 너의 도전을 응원하는 엄마가 거기에 있을 거야!

첫 터미_놀이1

인형 눈싸움

★ 발달 포인트 #시각발달 #집중력향상 #시각자극 #대상인지 #눈맞춤

놀이 소개 아기를 엎드려 두는 것은 몸을 일으키고, 앉고, 기어가고, 걸어가는 신체 발달의 모든 과정에 필요한 근육 발달에 도움을 주므로 중요합니다. 이때, 대근육 발달은 물론 근거리 시력발달을 도울 수 있는 인형 눈싸움 놀이를 해보세요. 아기는 인형과 눈을 마주치려 고개를 들고 상체를 일으켜 세울 수 있어요. 아기가 좋아하는 인형 하나면 충분하답니다. 인형이 아기에게 다정한 말을 걸어온다면 아기는 더욱 즐거울 거예요.

역류방지쿠션 위

평평한 매트 위 인형 눈싸움

엄마와 터미 타임

준비물 편안한 매트, 아기가 좋아하는 인형

놀이 방법

1. 터미 타임을 처음 시작할 때, 아빠(엄마) 배 위에 아기를 엎드려 놓고 노래를 부르며 머리, 등을 쓰다듬어주세요. 좀 더 익숙해지면 (역류 방지) 쿠션 위에 아기를 엎드려 놓아요.

2. 좀 더 익숙해졌다면 엎드린 아기 앞에 인형을 놓아주고 아기의 관심을 유발해요.
   "아가야, 인형이 아기를 보고 있네."
   "토순이 안녕!"

3. 인형을 위, 아래 옆으로 움직이며 아기의 눈동자를 따라가요.
   "아기가 토순이를 보고 있구나."
   "토순이가 하늘로 올라갔다 내려왔네. 아기랑 만났네~"

4. 자유롭게 놀이하며 인형을 만질 수 있도록 해요. 아기가 새로운 놀이를 찾아낼지도 모르니까요.

5. 인형과 놀이 후 엄마와 함께 터미 타임을 하며 눈을 마주쳐 보세요. 아기의 시선으로 함께 바라보며 교감을 나눌 수 있어요.

터미 타임이란? 배를 뜻하는 'Tummy'와 시간을 뜻하는 'Time'의 합친 말로, 아기가 엎드려 있는 시간을 의미해요. 터미 타임으로 신생아는 상체에 힘이 생겨요. 이는 뒤집기를 돕는 전신 운동이랍니다.

놀이 플러스

- 너무 푹신한 소파, 침대, 이불 위는 위험해요. 평평한 매트 위에서 놀이해요.
- 처음에는 힘들어할 수 있으므로 서서히 시간을 늘려주세요. 중간이 움푹 파인 역류방지 쿠션에 엎드리면 더욱 편하게 할 수 있어요. 익숙해질 때까지 시간을 조금씩 늘려주세요. 그 후 서서히 편평한 곳으로 옮겨가도록 해요.
- 아기의 몸과 마음이 편안하고 안정된 시간에 시도해요. 수유 직후에는 아기의 배에 압력이 가해질 수 있으므로 최소 수유 30분 후가 좋아요.
- 인형뿐 아니라, 아기가 애착을 보이는 물건, 사진, 놀잇감이라면 무엇이든 활용할 수 있어요.

| 첫 터미_놀이2 | # 이불 썰매는 즐거워! |

★ **발달 포인트** #대근육발달 #상체근육발달 #시야확장 #세상발견 #관점변화

놀이 소개 안정적인 터미 타임을 하기 시작했다면, 이제는 좀 더 흥미로운 터미타임에 도전해 보아요. 엄마, 아빠가 이끄는 이불 썰매를 타는 아기는 자신의 신체를 스스로 조절하려 노력하며 전신 근육을 발달시킬 수 있어요. 집안의 곳곳을 돌아다니며 다양한 시선으로 주위를 관찰할 수 있답니다. 엄마, 아빠와 아기 모두가 즐거운 이불 썰매놀이를 시작해 봐요.

준비물 편안한 매트, 담요

놀이 방법

1. 바닥에 이불을 깔고 아기를 엎드려 놓아주세요. 아기가 이불을 천천히 탐색할 수 있도록 머물러주세요.

    "아가야, 폭신한 이불에 엎드려볼까?" "아이, 부드러워."

2. 이불의 끝을 잡고 서서히 움직여 봐요. 갑작스럽게 움직이면 아기가 놀라거나 다칠 수 있으므로 가볍게 시작해요.

    "엄마 썰매에 탑승한 것을 환영합니다."

    "엄마(아빠) 썰매 출발합니다!"

3. 놀이하며 다양한 상호작용을 해주세요.

    "거실 역에 도착했습니다."

    "엄마 썰매는 이 세상에서 가장 행복한 썰매랍니다."

    "다음 역은 어디일까요. 아빠 품 역입니다."

4. 놀이가 끝나면 아기를 안아주세요. 허리가 다치지 않게 살살 일으켜주세요.

    "오늘 썰매놀이 정말 즐거웠어, 다음에 또 타자!"

놀이 플러스

- 아기가 목을 안정적으로 가눌 수 있을 때 시도해 주세요.
- 이동속도는 성인이 느끼기에 매우 천천히 움직인다고 느껴질 정도로 시도해 주세요.
- 다양한 촉감의 이불로 놀이해도 좋아요. 아기가 다양한 촉감을 느낄 수 있답니다.
- 아기가 앉을 수 있는 시기가 되면 이불 외에 큰 바구니, 상자 속에서도 썰매놀이도 할 수 있어요.

05 첫 까꿍 놀이

침이 흥건한 너의 얼굴, 엄마의 까꿍 소리, 그리고 이어져 나오는 웃음소리
너 말해봐, 엄마 행복하게 해주려고 태어난 거지!

밥을 먹고 있는데 어디선가 느껴지는 뜨거운 시선, 건너편 매트에 앉아서 놀고 있는 아기와 시선이 닿는다. 나를 보고 씩 웃는 너. 장난기가 발동한 엄마는 식탁 아래로 얼굴을 숨겼다 다시 얼굴을 든다. "까꿍~!" 아기는 꺄르르 웃는다. 다시 식탁 아래로 숨겼다가 살짝 고개를 들어 아기의 표정을 살핀다. '엄마가 어디 갔지?' 라는 아기의 당황한 표정이 가득하다. 엄마는 다시 얼굴을 완전하게 들어 아기에게 "까꿍! 엄마 여깄네" 하고 외친다. 아기의 긴장한 얼굴은 사라지고 웃음이 가득한 얼굴로 바뀌며 미소 짓는다. 까꿍 놀이를 반복하기를 여러 번 얼마나 신이 났는지 너의 작은 입가에는 웃음만큼이나 침이 흥건하다.

이 모습이 너무 사랑스러워 아가를 꼬옥 안아주었다. "엄마 여깄네!" 아가에게 엄마는 마술사처럼 보일까? 사라졌다가 뽕 하고 나타나는 까꿍 마술사! 이 과정의 반복 속에서 엄마가 눈앞에 보이지 않더라도 언제나 너의 곁에 있을 거라고 굳게 믿게 되겠지. 우리 매일 기쁘게 까꿍 하자!

첫 까꿍 놀이_놀이1

가제 손수건 까꿍

★ 발달 포인트 #의사소통 #대상영속성 #기억력증진 #언어발달 #대소근육발달

놀이 소개 아기에게 무언가가 사라졌다가 다시 나타나는 것을 확인하는 경험은 중요합니다. 이러한 경험을 통해 아기는 대상 영속성을 지속적으로 발달시켜 갈 수 있답니다. 집에 있는 가제 손수건을 활용하여 아기와 까꿍 놀이를 해 보세요. 즐거운 놀이를 통해 자연스럽게 대상영속성을 경험해 갈 수 있을 거예요.

대상영속성이란? 사물이 어떤 것에 가려져 눈에 보이지 않아도, 사라지지 않고 어딘가에 계속 존재하고 있음을 아는 능력을 말해요.

준비물 가제 손수건, 가제 손수건으로 숨겨질 만한 크기의 장난감

놀이 방법

1. 가제 손수건으로 아기의 시선을 집중시켜주세요.

    "손수건이 팔랑팔랑, 우리 아기 위에서 흔들흔들~"

2. 가제 손수건을 아기의 얼굴에 가져다 대며 까꿍 놀이를 해요.

    "아기 어디 갔지~ 아기 여기 있네." "엄마 없다. 엄마 여기 있네! 까꿍!"

3. 엎드린 아기 앞에서 좋아하는 장난감을 가제 손수건으로 가려보는 까꿍 놀이를 해요.

    "포도가 어디 갔지~ 새콤달콤 포도가 여기 있었네!"

4. 이불 속으로 엄마가 숨었다가 다시 나오기를 반복해요.

    "엄마 숨었다! 엄마 까꿍!"

    "우리 아가도 숨었네, 아가 까꿍!"

 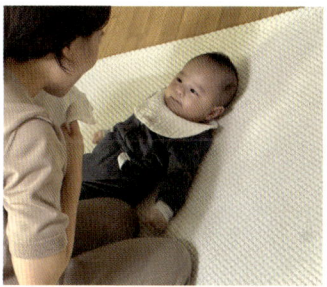

놀이 플러스

- 대상 영속성은 공부하듯 발달시켜야 하는 개념이 아니랍니다. 시간이 지나면 내면에서 스스로 발달시켜 나가게 된답니다. 그러니 즐겁고 편안하게 놀이하며 아이의 순간에 머물러주세요.

첫 까꿍 놀이_놀이2

사락사락 셀로판지 까꿍

★ **발달 포인트** #시각발달 #색감인지 #촉감놀이 #소근육발달 #감각발달

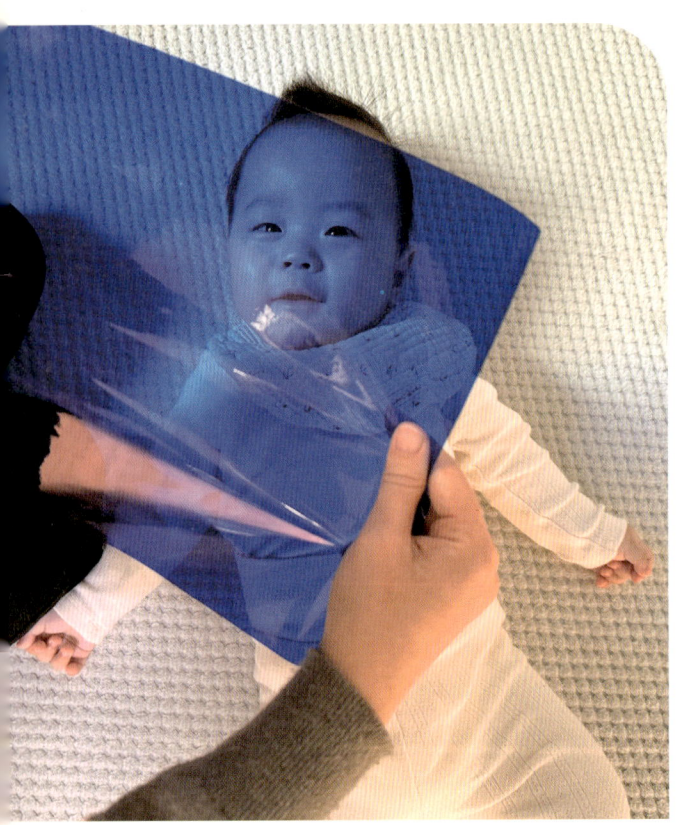

놀이 소개 아기가 흑과 백의 세상에서 나와 다양한 색깔에 눈을 뜨기 시작했다면 다양한 재질, 색깔을 경험할 수 있게 도와줄 수 있어요. 셀로판지는 선명한 색깔과 매끈한 질감, 바스락거리는 소리를 경험할 수 있어 좋은 매체랍니다. 셀로판지가 바람에 팔랑일 때 아기는 더욱 신이 나서 까꿍 놀이를 하게 될 거예요.

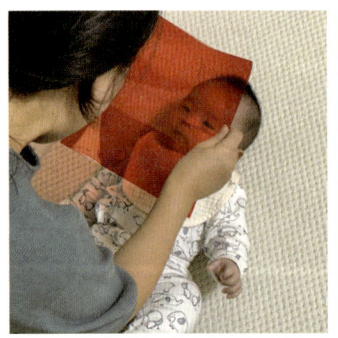 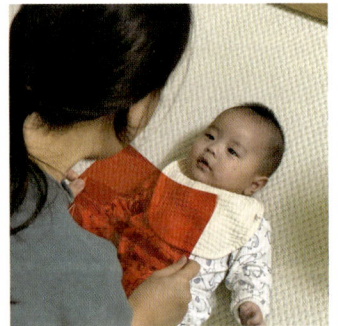

준비물 여러 색깔의 셀로판지

놀이 방법

1. 셀로판지를 탐색해요.

   "셀로판지가 바람에 흔들려요~ 아기 눈 위에 앉아볼까~ 팔랑~"

2. 셀로판지를 비비며 소리를 들려주세요.

   "바스락바스락 셀로판지에서 소리가 나네."

3. 셀로판지로 까꿍놀이를 해요

   * 다양한 색의 셀로판지를 번갈아 가며 까꿍 놀이해요.

   "아기 얼굴이 빨개졌다~ 온 세상이 빨개졌대요. 뿅!"

   "아기 얼굴 파랗게 변했네~ 바다 속에 온 것 같아~"

   "엄마 얼굴이 빨개졌네. 엄마 얼굴이 다시 환해졌네!"

놀이 플러스+

- 셀로판지의 크기를 다양하게 만들어 엄마의 눈, 코, 입 순서대로 가려보며 놀이할 수 있어요.
- 엄마 옷, 상자, 신문지, 색종이, 동화책, 이불, 풍선, 습자지 등 다양한 물건들이 놀잇감이 될 수 있어요.
- 여러 색깔의 셀로판지를 겹치면 더 다양한 색깔로 놀이할 수 있어요.
- 까꿍 놀이가 끝나고 난 셀로판지는 오려 창문에 붙여 보세요. 아기는 아기용 의자에 앉아 햇빛에 비친 셀로판지의 아름다움을 느낄 거예요.

06 첫 옹알이

'너의 목소리는 어떨까?'
작고 여린 목소리일까, 씩씩하고 용감한 목소리일까?
상상만으로 기대에 부푼 엄마의 마음을 너는 알까.

네 목소리는 어떨까? 목소리도 나와 닮았을까? 하지만 도저히 상상조차 되지 않았다. 그러던 어느 날, 네가 세상을 향해 첫 마디를 내뱉었다. '바바 바바' 그 한마디가 마치 그동안 하고 싶었던 이야기들을 담고 있는 것 같았다. 나를 바라보며 옹알이하는 작은 입이 너무 귀여워 꼬옥 안아주었다. 그리고 상호작용의 첫 단추를 연 너의 옹알이에 혼신의 힘을 다해 대답해 본다. "더해봐, 더해봐" 이 순간이 빨리 끝날까 봐 아쉬워 4개월도 안 된 아기에게 어려운 부탁을 한다.

그런 우리가 우스운지 아기가 눈웃음을 짓는다. "너도 우습구나" 아기를 키우면서 힘든 순간들이 자주 찾아오지만 너의 새로운 순간들을 만나면서 우리는 또 하루를 견디어낼 힘을 얻는다. 언젠가 씩씩한 아이로 자라 엄마에게 사랑과 응원의 언어로 또 다른 하루를 힘내라고 말해주겠지. 그날이 올 때까지 따뜻하고 사랑스러운 말들로 너의 옹알이 주머니를 가득 채워줄게.

첫 옹알이_놀이1

응답하라, 옹알이!

★ 발달 포인트 #언어발달 #조음기관경험 #발성조절 #청력발달 #소통하기

놀이 소개 생후 4~6개월이 되면 동일한 높낮이 또는 다양한 음성으로 옹알이를 하게 됩니다. 아기의 옹알이에 적극적인 응답을 보내보세요. 응답하는 엄마에게 더 적극적으로 언어표현을 하려는 아기를 발견할 수 있을 거예요. 옹알이의 빈도는 점점 늘어나고 아기의 표현 능력도 높아집니다. 옹알이에 응답할 준비가 되셨나요? 아기와의 대화를 시작해보세요!

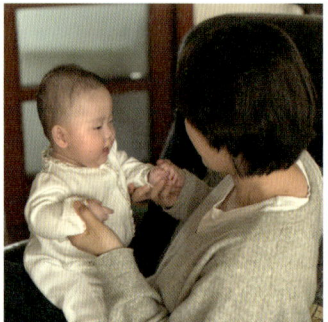

준비물 엄마의 따스한 눈빛, 사랑을 이야기하는 입

놀이 방법

1. 아기가 내는 소리에 귀를 기울이며 듣고 있다는 것을 표현해 주세요.

    "(고개를 끄덕이며) 그랬구나~ 응응~"

2. 아기가 엄마 반응에 관심을 보이면 아기가 낸 옹알이를 그대로 따라 해보세요.

    "아바바바~" "어마마마~" "에~~!"

3. 아기의 옹알이와 다른 음성과 어조로 응답해 주세요.

    "(굵은 목소리로) 어마마마~"
    "(작고 얇은 목소리로) 어마맘마~ 그랬구나~"
    "(말 꼬리를 올리며) 어버버버~그래요!"
    "(서로 볼을 비비며) 우리 아기 하고 싶은 말이 많구나~"

5. 아기의 옹알이에 담긴 의도를 말로 읽어주세요.

    "이건 공이란다. 공을 잡아보고 싶은 거야?"

6. 옹알이를 응답할 때 의성어, 의태어를 넣어 대답해주세요.

    "데굴데굴 굴러가네."
    "동글동글 공이네~"

놀이 플러스

- 아기 손을 잡아주거나 볼을 쓰다듬으며 대화해 주세요.
- 의성어, 의태어는 초기 발화 단계의 아기들이 발음하기 더 쉬운 음운 구조를 지니므로 많이 노출해주면 좋아요.
- 시간의 흐름에 따라 달라지는 아기의 옹알이를 녹음해 보세요. 아기와 함께 엄마의 음성, 아기의 음성을 들어보면 좋은 놀이가 될 수 있고, 아기에게는 먼 훗날 소중한 기록이 될 것입니다.
- 생활 속의 다양한 상황을 그림 그리듯 묘사해 주세요. 옹알이를 시작한 아기에게 좋은 언어적 자극이 됩니다.

첫 옹알이_놀이2

어디서 나는 소리일까?

★ **발달 포인트** #청각발달 #시청각융합발달 #예술성발달 #언어발달

놀이 소개 아기는 2~3개월에 옹알이를 시작한 뒤, 5~6개월 즈음에는 자신의 이름을 부르면 쳐다보거나 소리가 나는 곳에 반응합니다. 아기의 오감 중 청각은 가장 빨리 발달하므로 다양한 소리가 들리는 환경을 지속적으로 경험하게 하는 것은 매우 중요합니다. 잘 들려야 말도 잘 할 수 있듯 청각 발달이 잘 이루어질 때, 아기의 언어 발달도 잘 이루어질 수 있습니다. 아기의 청각 발달을 돕는 놀이를 함께 해보아요.

준비물 딸랑이, 스테인리스 그릇과 티스푼

놀이 방법

1. 딸랑이를 엄마 등 뒤로 가져가 흔들어주세요.

   "어디서 들리는 소리지?" "소리를 잘 들어봐~"

2. 아기가 두리번거리며 소리가 나는 곳에 관심을 가질 수 있도록 기다려주세요. 아기의 시선이 등 뒤로 향하면 성공!

   3회 정도 소리를 반복하여 들려주고 딸랑이를 보여주세요.

   "딸랑딸랑~ 아가가 소리를 찾았네."

   "딸랑이 여기 있었네!"

3. 아기도 딸랑이를 흔들어 볼 수 있도록 해주세요.

   "우리 아기도 흔들어볼까요~ 어떤 소리가 날까?"

   "딸랑딸랑~ 바둑이 방울 잘도 울린다"

4. 티스푼으로 스테인리스 컵을 두드리며 아기의 청각을 자극해 주세요.

   "이번엔 다른 소리가 나네?, 어디서 소리가 나는 걸까?"

5. 스테인리스 컵을 두드리는 엄마의 모습을 아기에게 보여주세요.

   "엄마가 컵을 두드려볼게. 어떤 소리가 날까?"

   "(살살 두드리다 점점 세게) 소리가 커졌다가 작아지네."

놀이 플러스+

- 가정에 있는 다양한 식기들도 악기가 될 수 있어요. (냄비, 컵, 도자기 컵을 두드리는 행위)
- 아기의 이름을 자주 불러주세요. 청각 발달에 도움이 됩니다.
- 같은 음절이 반복되는 그림책 (의성어, 의태어가 포함된 책)을 읽거나 동요를 불러주세요.
- 다양한 악기 소리가 어우러지는 클래식 음악, 라디오 듣기도 아기에게 좋은 청각적 자극이 될 수 있어요.

07 첫 주먹 보기

주먹아, 우리 아기의 주먹이 되어줘서 고마워.
앞으로 용감하고 씩씩하게 우리 아기를 지켜주렴!

조약돌 같은 주먹, 짧은 팔이 얼굴로 향한다. 간지러운 걸까? 우연히 닿은 걸까? 신기한 걸까? 뚫어져라 자신의 주먹을 바라보는 엄마는 말 못 할 너의 사정을 어렴풋이 짐작해 본다. 단 1초도 가만히 있지 못하는 너의 손, 너는 너의 몸에 붙은 작은 무언가를 확인이라도 하듯 계속해서 주먹을 바라본다. 꼬옥 쥔 주먹이 너무 작고 소중하다. 그 주먹은 바깥세상을 탐험하는 것도 잠시, 입속 세상으로 쏘옥 들어간다.

자신의 몸의 일부를 세상과 인사시키기 시작한 우리 아기, 두 눈으로 그것을 담고 입에 가져다 빨아본다. 입술이 느끼는 감촉, 손이 느끼는 감촉. 이 두 가지의 감촉을 아기는 느끼며 어떤 생각을 할까?

아기들만의 새로움을 읽어내는 방법은 참 새롭고 신비롭다. 너의 작은 주먹을 슬며시 잡아본다. 엄마 손에 쏙 숨어버리는 그 작은 주먹이 귀여워 어쩔 줄 모르겠다.

첫 주먹 보기_놀이1

주먹 풍선이 팔랑팔랑

★ **발달 포인트** #신체인지 #신체조절 #눈과손의협응 #소근육발달 #감각발달

놀이 소개 아기가 자신의 손을 보기 시작한다면 몸의 신체 일부를 인지하기 시작했다는 것입니다. 또한, 팔과 손을 조금씩 움직일 수 있다는 신호가 됩니다. 이때 아기가 쥘 수 있으면서도 아기의 몸의 움직임에 따라 움직이는 헬륨 풍선을 아기 손에 쥐어 주세요. 아기의 시선은 움직이는 풍선에 멈추고, 손과 팔의 근육을 조절해 나가면서 내 몸의 움직임을 스스로 인지하게 될 거예요.

 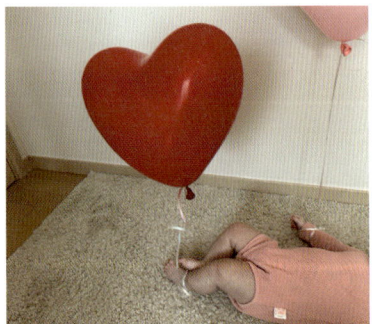

준비물 헬륨 풍선 (없다면 끈을 짧게 묶은 일반 풍선)

놀이 방법

1. 아기를 편안한 곳에 눕히고, 손을 만져주세요.

    "우리 아기 누워볼까, 편안하지?"

    "어디를 보고 있니? 엄마를 보고 있구나."

2. 주먹 보기를 하는 아기의 순간에 머물러주세요.

    "주먹을 보고 있구나~동글동글 주먹이야." "주먹 악수해볼까?"

3. 헬륨 풍선의 끈을 아기 주먹에 가볍게 묶어 주세요.

    "손으로 줄을 잡았네! 우리 아기 팔이 흔들흔들해요."

4. 아기가 스스로 신체를 조절하며 풍선의 움직임을 관찰할 수 있도록 순간에 머물러주세요.

놀이 플러스 ✚

- 손뿐만 아니라 발에도 달아주면 재밌게 놀이할 수 있어요.
- 헬륨 풍선이 없다면 일반 풍선을 모빌에 달아주세요. 아기가 손과 발로 풍선을 건드릴 때마다 흔들리는 모습을 보며 자신의 신체를 인식할 수 있고, 인과관계를 경험할 수 있어요.

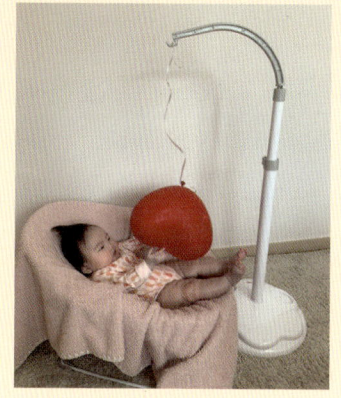

첫 주먹 보기_놀이2

주먹 만세 만만세!

★ **발달 포인트** #대근육발달 #신체운동 #스킨쉽 #스트레칭 #운동성발달

놀이 소개 아기가 손으로 무언가를 움켜쥘 수 있게 되었다면, 능동적으로 근육을 사용할 수 있는 준비가 되었다는 신호랍니다. 이때, 아기의 두 손을 잡고 위아래로 올리며 움직임을 돕는 놀이를 해보세요. 위아래로 움직이는 팔의 운동 방향에 따라 아기는 자신의 신체를 스스로 조절하며 근육의 감각을 만들어 갈 수 있을 거예요.

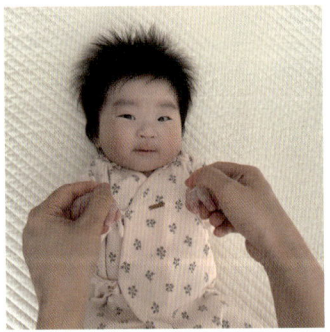 

준비물 편안한 매트

놀이 방법

1. 아기를 편안한 곳에 눕혀주고, 엄마와 눈을 맞추어요.

    "아기야~ 엄마 얼굴 보셔요~"

2. 아기 손을 살포시 잡아요.

    "따뜻한 아기 손 엄마가 꼬옥 잡아줄게."

    "(손을 잡고 머리 위, 앞, 양옆으로 움직여주며) 머리 위로~ 앞으로~ 옆으로~ 여행을 시작합니다."

3. 아기 머리 위로 올라간 손과 팔을 가볍게 주물러 주어요.

    "아기 주먹이 위로 쭈욱! 엄마 주먹도 위로 쭈욱!"

    "아기 주먹으로 엄마 손 톡톡 쳐볼까?"

4. 아기가 손에 힘이 제법 들어갈 때 살짝 팔을 들어 일으켜주고 다시 슬며시 바닥에 눕혀요.

    "엄마 손잡고 살짝 일어나 보자."

    "(살짝 일으킨 자세로) 엄마 여기 있네."

5. 놀이를 마무리하며 긴장이 되었을 아기의 팔과 손을 바닥에 편안하게 내려놓을 수 있도록 도와주세요.

놀이 플러스

- 아기를 일으킬 때 허리와 팔에 무리가 가지 않도록 천천히 움직여 주세요.
- 아기가 당기려는 의지가 있을 때 시도해 주세요.
- 엄마의 다양한 언어적 상호작용은 더욱 큰 자극이 됩니다.
- 아기의 주먹에 딸랑이 또는 오볼을 쥐여 주세요. 아기가 놀잇감을 움켜쥐고 자신만의 주먹 보기를 시도하며 서서히 신체로 놀이할 거예요.

08 첫 배밀이

"밀어라, 밀어라 배를 밀어라~ ♬"
이 노래는 4개월 엄마, 아빠가 배밀이 하는 아기를 응원하며 부르는 뱃노래입니다

옷장 정리를 하려고 아기를 침대 위에 잠시 엎드려 두었다. 아직은 스스로 움직일 수 없으니 가능한 일. 그런데 왠지 모르게 등골이 서늘한 느낌에 뒤를 돌아보니 이게 웬일! 순간 이동을 한 걸까? 분명 방향을 전환한 것 같다. 그리고 그 순간, 갑자기 뒤로 이동하는 너. '아가야, 너 움직인 거야?' 배밀이를 처음 시작한 아기는 뒤로 갔다가 앞으로 간다고 들었다. 그 상황이 바로 이 상황! 회사에서 돌아온 신랑에게 '우리 아기가 배밀이를 했어, 그런데 뒤로만 가' 라며 이야기를 했다. 상황을 재연하고자 아기를 바닥에 엎드려 놓고 할 수 있는 모든 몸짓, 손짓, 손뼉 모두 동원해 본다.

아기가 한쪽 팔을 힘껏 끌어당기며 자신의 몸을 움직인다. 이는 없지만 이를 악문 것 같은 표정, 힘이 단단히 들어간 팔, 이마에 맺힌 땀, 젖 먹던 힘까지 다한다는 상황이 바로 이 상황이다. "잘한다 잘한다! 우리 아기 잘한다!" 아기가 온 힘을 다해 앞으로 나아간 만큼, 엄마와 아빠의 온몸에도 땀이 흥건하다. 아기가 스스로 만날 수 있는 세상이 더 많아질 거라는 생각에 가슴이 벅차다.

이제 바닥에 광을 낼 차렌가?

첫 배밀이_놀이1

배밀이 놀이터

★ **발달 포인트** #대근육발달 #신체운동 #스킨쉽 #스트레칭 #운동성발달

놀이 소개 아기들의 운동기능은 생후 1년간 눈에 띄게 발달합니다. 목을 가누게 되면 자연스럽게 뒤집기로 연결되고, 뒤집기 이후에 배밀이를 시작합니다. 처음에는 아기가 엎드린 상태에서 뒤로 조금씩 이동하지만, 이내 앞으로 나아간답니다. 책을 활용하여 배밀이를 위한 놀이터를 마련해 주세요. 놀이를 통한 책의 지속적인 노출은 아기의 관심을 쉽게 끌 수 있고, 책과 친해지는 좋은 계기가 될 수 있답니다.

준비물 편안한 매트, 좋아하는 동화책

놀이 방법

1. 아기와 함께 책을 살펴보아요.

    "싹싹싹~ 책 속에 아기가 손을 씻고 있네~"

2. 책으로 울타리를 만들어주세요.

    "어? 책이 이렇게 세워져 있네~?"

3. 책의 그림에 관심을 가지고 배밀이 하며 다가갈 수 있도록 해요.

    "여기 우리가 봤던 아가 그림이 있네!"

    "여기에도 우리 아가가 좋아하는 곰돌이가 있어."

4. 아기가 책을 향해 손을 뻗으며 발을 바둥거리면 응원의 메시지를 전해주세요.

    "영차! 영차! 우리 아기 힘내라!"

5. 아기가 뒤로, 옆으로 이동을 할 때 이야기해 주세요.

    "우리 아기가 이만큼이나 움직였구나."

    "힘들었을 텐데 이 만큼이나 움직였구나."

놀이 플러스

- 아기가 좋아하는 인형이나 놀잇감을 주위에 둘러싸 놓아도 즐거운 배밀이 놀이터가 될 수 있어요.
- 배밀이 시기는 아기마다 다를 수 있어요. 배밀이 과정을 건너뛰고 네발 기기를 하는 경우도 있어요.
- 다양한 형태의 책을 이용하면 더 재미있는 놀이도 할 수 있어요.
- 배밀이 놀이에 도움이 되는 책을 소개해요.

첫 배밀이_놀이2

딸랑딸랑 배밀이 놀이

★ **발달 포인트** #운동기능발달 #두뇌발달영향 #대근육발달 #애착형성 #청각발달

놀이 소개 엄마가 아기를 바라보며 부를 때, 안으려는 손짓할 때 아기는 온 힘을 다해 엄마에게 나아가려 노력하지요. 이때, 경쾌한 소리의 방울 소리를 아기에게 들려주세요. 작은 지퍼백 또는 주머니에 넣어 아기가 툭 건드려 볼 수도 있고, 아기에게 친숙한 물건인 안 쓰는 젖병을 사용해서 새로운 소리 놀잇감을 만들어낼 수 있답니다. 풍부한 청각적 자극은 물론 아기의 대 근육이 쑥쑥 발달하는 놀이를 시작해 보아요.

준비물 편안한 매트, 안 쓰는 젖병, 작은 지퍼백, 방울

놀이 방법

1. 방울을 작은 지퍼백에 넣어주세요.

    * 아기의 손이 닿기 쉬운 곳에 방울 지퍼백을 두고 아기가 직접 방울을 만져볼 수 있게 도와주세요. (방울은 크기가 작아 지퍼백에 넣어서 탐색하는 것이 안전해요.)

    * 방울의 탐색이 끝나면 사용하지 않는 젖병에 방울을 넣어주세요. 내용물이 쏟아지지 않도록 뚜껑을 꼭 닫아주세요.

2. 아기에게 방울 젖병을 보여주세요. 젖병 안에 흔들리는 방울을 관찰할 수 있어요.

    "이 안에 뭐가 들어있을까? 한번 흔들어볼까?"

3. 아기와 30cm 정도 떨어진 곳에서 방울 젖병을 흔들어주세요.

    "엄마 여기 있네~ 찰랑찰랑 엄마에게도 와볼까?"

4. 아기가 엄마를 향해 발버둥을 치거나 앞뒤로 움직일 때 아기의 모습 그대로를 언어로 표현해 주세요.

    "아기 다리가 바둥바둥 움직이고 있네."

    "두 팔이 하늘 위로 올라가려고 하고 있구나."

    "주먹을 꼬옥 쥐었네~"

    "아기 엉덩이가 실룩샐룩!"

놀이 플러스

- 큰 호두, 땅콩, 구슬, 편백나무 칩 등 다양한 물건을 넣어 활용할 수 있어요.
- 동요에 맞추어 함께 흔들어볼 수 있어요.
- 젖병 외 다양한 용기에 담아 놀이하면 다양한 소리 자극이 함께하는 배밀이 놀이가 될 수 있어요.

육퇴클럽

0~6개월의 아기와 어떻게 놀이하며 상호작용하지?

아기는 언제부터 놀이를 시작하나요?

이 시기의 아기는 매일 누워만 있는 것 같지만 사실은 매 순간 놀이하고 있답니다. 거실에서 들려오는 엄마의 목소리에 귀를 기울여보고 손가락과 발가락을 꼼지락꼼지락해보거나 눈으로 엄마와 아빠의 얼굴, 익숙한 주변 모습을 요리조리 살핍니다. 자기 몸을 움직이며 신체를 인식하고, 귀로 들리고 눈으로 보이는 주변 환경을 조금씩 알아가는 중입니다. 이 모든 과정이 아기가 세상과 소통하려는 적극적인 행위이고 놀이에요.

눈으로 거울 속 자신을 관찰하기

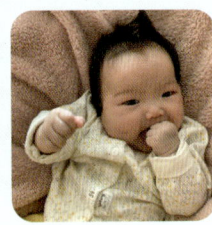
입으로 자신의 신체를 탐색하기

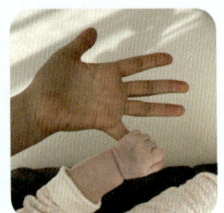
손으로 엄마의 손을 느껴보기

아기의 일과 중 언제, 어떻게 놀이하면 좋을까요?

아기들의 일과에서는 잘 먹고, 잘 놀고, 잘 자는 것이 매우 중요하죠? 개월 수에 따라 아기들이 깨어있는 시간이 다르겠지만, 수유 후 다시 낮잠 자기 전까지의 시간을 놀이로 활용해 보세요. 처음에는 짧은 수유 간격에 따라 짧은 시간동안 놀이하고, 점차 수유 간격이 길어지고 낮잠 시간이 줄어들면서 긴 시간 동안 놀이할 수 있어요. 놀이를 계획할 때는 아기의 생체리듬을 고려하여 오전에는 산책이나 신체놀이 같은 동적 놀이를, 오후에는 책 읽어주기나 마사지 같은 정적인 놀이를 함께 하면 좋아요. 또 놀이 환경을 바꾸어주는 것도 좋습니다. 계절과 날씨에 따라, 유모차를 타고 나가 바깥 공기를 쐬며 놀이하는 것도 좋아요. 이렇게 아기와 함께 노는 규칙적인 루틴을 만들면, 엄마는 정해진 시간 내에 아기에게 충분한 에너지를 쏟을 수 있어요. 아기도 일과를 예측하며 안정감 있는 하루를 보낼 수 있답니다.

[4개월 아기의 일과시간 예시]

시간	일과	놀이
7:00~7:30	수유 후 놀이, 낮잠1	엄마랑 모빌놀이
9:00~10:00	수유 후 놀이, 낮잠2	터미타임 및 신체놀이
12:00~13:00	수유 후 놀이, 낮잠3	산책
16:00~17:00	수유 후 놀이, 낮잠4	마사지, 책 읽어주기
19:00~20:00	목욕 후 수면의식	
20:00~21:00	마지막 수유 후 수면	
21:00~7:00	수면	

육퇴클럽

> 아기에게 말 거는 게 익숙하지 않아요. 놀아줄 때 무슨 말을 해주면 좋을까요?

우리 아기에게 세상에 있는 예쁘고 좋은 말들을 모두 전해주고 싶지만, 무슨 말을 해야 할지 모르겠다면 이렇게 해보세요. 먼저, 놀이하면서 아기가 하는 행동을 그대로 묘사하듯 말해주세요. 예를 들어, "우리 아기가 딸랑이를 손에 쥐고 흔들고 있구나!", "딸랑딸랑~ 경쾌한 방울 소리가 나네"라고 말해줄 수 있어요. 엄마 입장에서 아기에게 다양한 표현을 사용하여 말을 건네기가 훨씬 수월해져요. 다른 방법으로, 아기의 행동에 대해 엄마의 기분이나 감정을 나-메시지로 표현해 주세요. 예를 들어, "우리 아기가 좋아하는 모습을 보니, 엄마가 기분이 좋네! (*나- 메시지 : 아기의 행동 묘사 + 그에 대한 엄마의 감정)"라고 말해주세요. 이러한 사랑의 언어를 통해 엄마 자신도 지친 육아에서 긍정적인 에너지를 받을 수 있어요. 아기도 엄마가 기뻐하는 마음을 충분히 느끼면서 긍정적인 정서 함양할 수 있어요. 가장 중요한 것은, 엄마가 아기와 사랑스러운 눈 맞춤을 나누는 거랍니다.

> 아기랑 둘이 있을 때 너무 적막한데, 혼자 계속해서 말을 걸어주려니 힘들어요. 좋은 방법이 없을까요?

　온종일 아이랑 단둘이서만 시간을 보내면 적막함이 느껴질 때도 있죠. 엄마와 아기, 모두를 위한 방법을 제안해 볼게요. 우선, 엄마가 좋아하는 그림책을 골라서 아기랑 함께 읽어보세요! 요즘은 어른을 위한 그림책도 많이 나와서 아기는 그림을, 엄마는 글을 함께 즐길 수 있어요. 내게 위로가 되는 책의 구절을 아기에게 읽어주는 것도 도움이 될 거예요. 또 다른 팁은 라디오 혹은, 엄마가 좋아하는 노래나 클래식을 아기와 함께 듣는 것도 좋아요! 팟캐스트나 유튜브에서 관심 있는 방송 혹은 클래식 음악이 흐르는 라디오 방송을 귀로 들으면서 적막하지 않은 집의 분위기를 만들어 보는 건 어떨까요? 또한 이 시기 아기들은 다양한 사람들의 목소리와 소음 노출되는 경우가 거의 없으므로, 외출 시 소음에 민감하게 반응할 수 있어요. 이러한 방법으로 꾸준히 다양한 소리를 노출해준다면, 나중에 바깥 활동에도 큰 거부감을 느끼지 않을 거예요.

'어른을 위한 동화책' 추천

제2장

7~12개월

세상은 정말 재미있는 곳이야

세상을 향해 한 발짝 더 나아가 볼까?

아기의 시선이 더 넓은 세상으로 향하며 능동적인 탐색을 시작하는 시기입니다. 겨우 목을 가누고 몸을 뒤집던 시기를 지나, 제법 혼자서 앉거나 기어가기를 시도하지요. 이동 능력이 생긴 아기는 익숙한 놀잇감이나 사물들을 적극적으로 만져보고 탐색합니다. 또 엄마, 아빠를 비롯한 주변 사람을 알아가면서 세상에 대한 낯가림이 생기기도 하지요. 엄마, 아빠와의 끈끈한 유대관계와 그 안에서 생기는 믿음을 바탕으로, 아기는 더욱더 용감한 탐험가가 되어 갑니다.

09 첫 음식

이유식(離乳食). 떠날 이, 젖 유, 먹을 식.
엄마의 젖을 떠나 처음 먹는 음식.
내 아이가 세상의 음식을 처음 먹는 그 설레고도 소중한 순간

아기가 태어난 지 5개월 정도가 되었을 무렵 나는 이제야 겨우 아기를 먹이는 일과 수유 텀이라는 것에 적응하던 참이었다. 아기와의 생활에 조금씩 익숙해지며 이제 조금 할 만하다 싶었는데 웬걸? 이유식이라는 또 다른 거대한 산이 내 앞을 가로막고 있었다. 첫 아이를 키우는 나에게 이유식은 정말 하나부터 열까지 다 공부해야 하는 미지의 세계였고 이 조그마한 아기에게 줄 음식을 만드는 일은 큰 부담으로 다가왔다. 그렇지만 누구에게 미룰 수 있는 일도 아니었기에 이유식이라는 과제를 편안히 받아들이려 노력하며 관련 정보를 찾기 시작했다. 이유식 책을 사고, 용품을 샀다. 이유식을 생각하면 처음에는 가슴이 답답했지만, 막상 택배 상자 속 귀여운 아기 숟가락과 턱받이를 보니 가슴이 두근거렸다. 우리 아기가 이제 세상의 음식을 맛보게 되는구나.

드디어 첫 이유식을 하는 날! 첫날이라 몇 숟갈만 먹여보면 된다지만 그래도 너무나 떨리는, 내 아이의 첫 음식 먹는 날. 그 소중한 순간을 남기고 싶어 카메라까지 세워 두고 만반의 준비를 마쳤다. 그릇에는 말간 쌀미음이 정갈하게도 담겨있다. 미음을 한 숟갈 떠서 아기 입 앞에 가져가자 아기가 입을 아~ 하고 벌린다. 아~ 받아먹는 걸 어떻게 알았지? 작은 숟가락에 얹은 미음을 아가 새처럼 받아먹는 모습이 마냥 신기하고 사랑스럽다. 살굿빛 입술 사이로 주르륵 흘러내리는 하얀 미음. 처음 먹는 음식 맛이 좋은지 아기는 입을 오물거리며 미소를 띤다.

첫 음식_놀이1

보들보들 얌얌 두부

★ **발달 포인트** #촉감발달 #두뇌발달 #오감자극 #정서안정 #음식에대한긍정적인식

놀이 소개 식재료는 음식을 처음 먹기 시작한 아기에게 안전하고 즐거운 놀이 재료가 될 수 있어요. 두부 한 모로 재미있는 촉감놀이를 즐겨보세요. 두부의 맛, 모양, 냄새, 색깔, 촉감 등을 자유롭게 탐색해보는 과정은 감각 경험을 충족시키고, 오감 발달을 도와요. 두부의 부드러운 감촉은 아기에게 심리적 안정감을 주기도 한답니다. 아기와 함께 다양한 방법으로 두부를 느껴보고 즐겨보세요.

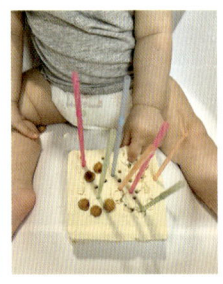  

준비물 두부(끓는 물에 데친 후 식힌 것), 콩(삶은 것), 시금치나 비트와 같이 색이 선명한 채소(데쳐서 간 것), 빨대, 지퍼백

놀이 방법

1. 두부를 자유롭게 탐색해요.

    "네모네모 두부가 있네. 우리 함께 두부를 만져볼까?"

    "두부를 두드려보자. 탱탱탱~ 탱글탱글하네!"

    "두부를 쥐어보자. 두부가 손안에서 으스러지네."

2. 두부에 빨대, 콩 등을 꽂아봐요.

    "두부 위에 빨대를 꽂아볼까. 우와~ 두부 케이크가 되었어!"

3. 지퍼백의 모서리를 조금 잘라 짤주머니를 만든 후 두부를 넣고 짜 보아요.

    "엄마가 아기 손바닥에 두부를 쭈욱 짜볼게. 느낌이 어때?"

    "(두부를 아기 위쪽에서 짜 보며) 하얗고 몽글몽글한 두부가 쭈욱~ 쿵! 떨어지고 있어!"

4. 두부에 채소를 섞어 색을 변화시켜 봐요.

    "하얀 두부가 시금치를 만나면 무슨 색으로 변할까?"

    "하얀 두부가 시금치를 만나 초록색으로 물들고 있어."

놀이 플러스 ✛

- 음식으로 하는 촉감 놀이는 알레르기 테스트가 끝난 뒤 놀이해야 해요. 알레르기 테스트는 소량을 손목 안쪽에 묻혀 15분 정도 경과를 살펴본 다음, 음식을 섭취했을 때도 이상이 없는 것을 확인하는 과정을 말해요.
- 아이가 먹어본 음식이더라도 많은 양을 온몸에 묻히는 촉감 놀이는 예상치 못한 알레르기 반응을 일으킬 수 있어요. 이런 경우 바로 소아과 진료를 받을 수 있도록 놀이는 되도록 오전시간에 하는 것이 안전해요.
- 촉감 놀이에 컵, 채반, 가제 손수건 등 다양한 일상 도구들을 활용해 보세요.

첫 음식_놀이2

보랏빛으로 물드는 적양배추 놀이

★ **발달 포인트** #오감발달 #낯선채소와친해지기 #푸드네오포비아예방 #물질의변화경험

놀이 소개 식재료를 이용한 즐거운 놀이는 아기에게 음식에 대한 편견을 가지지 않도록 도와줍니다. 다양한 식재료를 일찍부터 경험해 본 아기들은 친숙하게 받아들일 수 있는 음식이 더 많은 것이지요. 아기가 다양한 채소를 먹어보기 시작했다면, 보라색 적양배추를 활용하여 아기와 함께 놀이해보세요. 적양배추로 촉감 놀이도 즐기고, 그림도 그려보고, 물놀이도 해 보며 아기는 보라색 채소와 조금 더 친해질 수 있을 거예요.

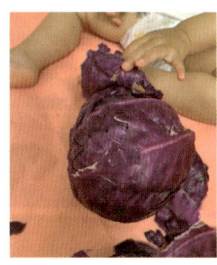  

준비물 적양배추, 채칼, 절구, 종이, 냄비

놀이 방법

1. 적양배추를 다양한 방법으로 탐색해 보아요.

    "동그란 적양배추가 있네. 한 번 굴려볼까? 데굴데굴 굴러가!"

    "껍질을 만져볼까? 엄마와 함께 보라색 껍질 한 겹을 벗겨보자!"

    "반으로 잘린 적양배추는 어떤 모양이야? 안을 보니 꼬불꼬불 무늬가 있네!"

2. 채 썬 적양배추를 만져보며 놀이해요.

    "얇게 썬 적양배추를 만져보자. 어떤 느낌이야?"

    "조금 먹어볼까? 쌉싸름한 맛이 나는 것 같아!"

3. 적양배추를 절구에 넣고 빻아본 후, 종이에 문질러 그림을 그려봐요.

    "적양배추를 절구에 넣고 이렇게 쿵쿵 빻아볼까?"

    "빻은 적양배추를 종이 위에 문질러보자. 슥슥~ 종이가 보랏빛으로 물들고 있어!"

4. 놀이한 적양배추를 냄비에 넣고 끓인 후, 그 물을 식혀 물놀이해요.

    "물에 적양배추를 넣고 끓이면 어떻게 될까? 물이 보라색으로 변하고 있어!"

    "우리 함께 보라색 물에서 첨벙첨벙 물놀이 해볼까?"

> **놀이 플러스**
>
> - 놀이 준비를 하며 적양배추를 반으로 자르는 모습, 채칼로 써는 모습 등을 아기에게 직접 보여주면 좋아요. 단, 아기의 안전에 유의하세요!
> - 적양배추를 끓인 물로 놀이할 땐 욕조에 물을 조금 받은 후, 적양배추 물을 아기와 함께 천천히 부어보세요. 물의 색이 변화하는 과정을 아기가 스스로 느껴 볼 수 있어요.
> - 적양배추를 갈아서 보라색 물감을 만들어보는 것도 좋아요. 손에 묻혀 그림을 그려보는 것도 재미있답니다.

10 첫 감촉

이제 막 세상에 호기심을 갖기 시작한 아기는
어떤 물건이든 만져보고, 느껴보고 싶어 한다.
딱딱해 보이는 것도, 거칠어 보이는 것도 모두 다 궁금한 모양이다.

아기의 살결을 떠올리면 연하고, 보드랍고 또 만질만질하다. 그래서인지 갓 태어난 아기에게는 보드랍고 포근한 감촉만을 주어야 할 것 같았다. 나는 아기에게 부드러운 순면의 옷을 입히고, 보드라운 수건으로 입을 닦이고, 말랑말랑한 장난감을 쥐어 주었다. 그런데 이제 막 세상에 호기심을 갖기 시작한 아기는 어떤 물건이든 만져보고, 느껴보고 싶어 한다. 딱딱해 보이는 것도, 거칠어 보이는 것도 모두 다 궁금한 모양이다.

아기는 세상을 알아가는 데 촉감을 적극적으로 활용하는데, 주로 손과 입술의 피부를 사용하여 촉감을 느낀다. 처음에는 입과 입술로 다가가서 느끼려고 하는 일이 많지만, 점차 손을 사용하여 주변 물체들의 촉감을 느끼고 탐색하려 한다.

우리 아기도 이제 더 다양한 촉감을 느껴보고 싶은 거구나. 집안을 돌아보며 아기가 만져도 될 만한 물건들을 골라본다. 무심코 사용하던 물건들의 표면이 다시 보인다. 심사숙고하여 고른 물건들을 아기 앞에 놓아본다. 샤워볼, 수세미, 스카프, 비닐봉지, 뽁뽁이, 헤어롤…. 아기는 호기심 어린 눈으로 물건을 잡아보고, 두드려보고, 만져본다. 아기는 지금 피부로 어떤 것을 느끼고 있을까? 까끌까끌한 촉감은 싫을까? 네가 좋아하는 촉감은 어떤 걸까?

아기에게 얼른 촉감을 통해 바라보는 세상을 소개해 주고 싶다는 생각이 든다. 손가락 사이로 흘러내리는 고운 모래의 촉감, 향긋하고 연한 꽃잎의 촉감, 손바닥으로 톡톡 떨어지는 빗방울의 촉감, 아직은 아기가 만져볼 수 없는 것들도 많지만, 아기의 두 손에게 하나씩 속삭이듯 소개해줘야지.

첫 감촉_놀이1

문질문질 톡톡 엄마표 촉감판

★ **발달 포인트** #촉감발달 #촉감어휘발달 #다양한물건경험 #두뇌발달

놀이 소개 아기가 주변의 사물에 호기심을 가지고 만져보기 시작했다면 다양한 촉감의 세계를 경험할 수 있도록 도와주세요. 일상생활에서 쓰이는 여러 가지 생활용품은 아기에게 다양한 촉감 자극을 주는 놀잇감이 될 수 있어요. 집에 있는 생활용품을 활용하여 엄마표 촉감판을 만들어 보세요. 아기는 촉감판을 두드리고, 만지고, 비비고, 뜯어보며 다양한 촉감을 경험할 수 있답니다. 단추와 같은 작은 물건들도 촉감판에 단단히 붙여준다면 구강기 아기들도 안전하게 만지고 느껴 볼 수 있어요.

* **아기에게 들려주면 좋은 촉감 어휘의 예**

보들보들 / 포근포근 / 폭신폭신 / 보송보송 / 몰랑몰랑 / 물렁물렁 / 야들야들 / 매끈매끈 / 미끌미끌 / 맨질맨질 / 반질반질 / 끈적끈적 / 치덕치덕 / 찐득찐득 / 거칠거칠 / 까끌까끌 / 까슬까슬 / 뾰족뾰족 / 울퉁불퉁 / 오돌오돌 / 우둘투둘 / 구불구불 / 뽀글뽀글 / 단단 / 딱딱 / 촘촘 / 빳빳 / 빽빽 / 바스락바스락 / 사그락사그락 / 사박사박 / 찰박찰박

준비물 다양한 생활용품, 상자 뚜껑, 접착제(양면테이프, 글루건 등)

* 촉감이 다양한 생활용품의 예
- 부드러운 : 스카프, 스타킹, 극세사 걸레 등
- 까끌까끌한 : 수세미, 때수건, 헤어롤 등
- 폭신폭신한 : 스펀지, 폼폼이 등
- 딱딱한 : 단추, 병뚜껑, 코르크 마개 등

놀이 방법

1. 상자 뚜껑에 다양한 촉감의 재료들을 배치하고, 글루건으로 붙여 촉감판을 만들어요.

2. 촉감판을 자유롭게 만져보며 탐색해요.
  "우리 함께 손으로 촉감판을 만져볼까?"
  "어떤 물건을 만져보고 싶니? 비닐을 만지고 있구나. 문질러보니 매끈매끈하고, 눌러보니 바스락 소리가 나네!"

3. 촉감판 물건의 서로 다른 촉감을 비교해 봐요.
  "헤어롤은 까끌까끌한데, 스타킹은 부들부들하네."
  "코르크 마개는 딱딱한데, 폼폼이는 폭신폭신해."

4. 여러 신체 부위를 활용하여 촉감판을 느껴봐요.
  "발로도 촉감판을 밟아볼까? 볼에도 비벼보자."

놀이 플러스
- 촉감판에 붙이는 재료들은 모두 깨끗이 닦고 소독하여 붙여주세요.
- 촉감판 재료들을 지퍼백에 담아 바닥에 붙여주는 것도 좋아요. 같은 재료도 어떻게 제시하느냐에 따라 아기가 느끼고 경험하는 것은 달라진답니다.

첫 감촉_놀이2

간질간질 세발나물

★ **발달 포인트** #촉감발달 #감수성발달 #녹황색채소경험 #자연물놀이

놀이 소개 계절이 선물해 주는 자연물을 활용하여 아기와 싱그러운 촉감놀이를 즐겨보세요. 먹어도 안전한 제철 나물을 활용하면 색다른 촉감 놀이를 해볼 수 있답니다. 나물을 자유롭게 만져보고, 물에 동동 띄워서도 만져보고, 빻아서도 만져보며 아기는 한 가지 재료로도 다양한 촉감을 느껴볼 수 있어요. 향긋하고 싱그러운 초록의 나물은 아기의 감각을 깨우고 미적 감수성을 자라나게 한답니다.

준비물 큰 쟁반, 세발나물, 물, 절구

놀이 방법

1. 깨끗이 씻은 세발나물을 만져보고 탐색해보아요.

    "세발나물을 만져볼까? 세발나물은 발이 세 개나 있는 초록 초록 나물이야."

    "세발나물이 우리 아기 볼에서 간질간질~"

2. 쟁반에 세발나물을 놓고 물을 따라보아요.

    "세발나물 위로 물이 졸졸졸 떨어지네."

3. 물 위에 뜬 세발나물을 만져보아요.

    "세발나물이 물 위에 동동 떴네. 젖은 세발나물을 만져볼까?"

    "세발나물이 어떻게 되었어? 축축해졌네."

4. 세발나물을 절구에 빻아 비교해보아요.

    "세발나물을 절구에 넣고 쿵쿵 빻아볼까?"

    "빻은 세발나물을 만져보자. 간질간질하던 나물이 촉촉해졌네."

놀이 플러스

- 햇살이 잘 들어오는 곳에서 놀이해보세요. 햇살에 반짝이는 세발나물과 나물 그림자가 아이의 감수성을 더욱 자극해 줄 거예요.
- 물은 정수기 물이나 생수를 이용해요. 차가운 물로 놀이하면 더욱 청량감 있게 놀이할 수 있어요.
- 녹황색 채소를 활용한 놀이는 아기의 식습관에도 긍정적인 영향을 줍니다. 놀이가 끝난 뒤 세발나물 두부 무침과 같은 요리를 만들어 먹어보는 것도 좋아요.

11 첫 손놀이

엄마 눈엔 보인다. 이전과는 분명 '다른' 잡기였다.
스스로 의지를 가지고 손을 뻗어 목표물을 잡는.
'우리 아기가 이제 스스로 무언가를 하려고 하는구나!'
아기의 작은 그 의도마저 마냥 감격스럽다.

세상에 갓 태어난 아기는 힘차게 울어 대며 두 손을 꼭 움켜쥐고 있었다. 아기의 손을 처음 본 건 그때였다. 조리원에서 처음 기저귀를 갈아주기 위해 속싸개를 풀자 배냇저고리 소매 끝자락 사이로 아기의 작은 손이 빼꼼 보였다. 너무너무 작은데 다섯 손가락에 손톱까지 붙어있다는 것이 마냥 신기했다. 손 싸개를 벗긴 손에 자꾸만 손가락을 가져다 대보고 싶었다. 내 손가락을 꼬옥 움켜쥐는 그 느낌이 좋아서. 신생아 시기의 반사행동이라는 것을 알면서도 아기의 말랑한 손이 내 손을 잡는 그 묘하고 설레는 느낌이 너무 좋았다.

조금 더 자란 아기는 귀여운 주먹을 뽐내며 주먹고기를 먹기도 했고, 두 손에 내 머리카락이 스칠 때면 꼭 쥐고 잡아당기기도 했다. 그러던 어느 날, 장난감을 응시하던 아기가 손을 쭈— 욱 뻗더니 흔들리던 장난감을 꽉! 움켜쥐었다. 이전과는 분명히 다른 능동적인 '잡기'였다. 이전에는 손에 쥐어 주는 치발기나 딸랑이를 건네받아 잡는 것이었다면 이번에는 자신의 의지로 목표물을 향해 손을 뻗은 잡기였다. '우리 아기가 이제 스스로 무언가를 하려고 하는구나!' 엄마의 눈에는 아기의 그 작은 행동에 담긴 의도마저 감격스럽다.

아기는 이제 고사리 같은 그 손으로 조물딱조물딱 장난감도 만지고, 친구 손도 잡으며, 언젠가는 '엄마 사랑해요' 편지를 써오는 날도 오겠지. 오늘은 바라만 봐도 사랑스러운 그 작은 두 손에 축복을 내려주고 싶다.

아가야,
손끝에 닿는 감각을 곤두세워. 마음껏 세상에 닿아 자유롭게 느끼고 표현하기 바라.
때로는 꼭 움켜쥐거나 스르르 놓아주어야 하는 선택의 순간이 있음을 알아가며
고운 마음을 담아 따스함으로 사랑을 나누고 행복을 전할 수 있기를.

첫 손놀이_놀이1

장난감 구출작전

★ **발달 포인트** #소근육발달 #눈과손의협응 #도전감 #성취감 #문제해결능력

놀이 소개 아기가 손을 뻗어 장난감을 잡고 만질 수 있게 되었다면 아기의 두뇌를 자극하는 문제해결 놀이를 함께해 보세요. 집에 있는 바구니와 긴 끈만 있다면 놀이 준비는 끝! 그물에 갇힌 장난감을 꺼내기 위해 아기는 그물 사이로 손을 넣어보고, 장난감을 당겨보고, 그물을 벌려 보기도 하며 여러 가지 전략을 사용해 본답니다. 이 과정에서 아기의 소근육이 발달하고 문제해결 능력이 자라날 수 있어요. 아기의 발달에 따라 난이도를 조절하며 재미있게 놀아보세요.

준비물 구멍이 뚫린 바구니(빨래 바구니 등), 긴 끈, 아기가 좋아하는 장난감

놀이 방법

1. 구멍이 있는 바구니에 긴 끈을 꿰어 그물을 만들어요.

2. 그물 바구니 속에 장난감을 집어넣어요.
   "야옹이가 바구니 속에 갇혀버렸어. 어떡하지?"

3. 아기에게 장난감을 구출해달라고 요청해요.
   "우리가 야옹이를 구해줄까? 어떻게 꺼내면 좋을까?"

4. 아기와 함께 손을 바구니 속에 넣고 그물을 벌려 장난감을 구출해요.
   "엄마 옷에 붙은 테이프를 떼 내어 줄 수 있니?"
   "칠판에도 테이프가 붙었어! 우리 함께 떼어보자."

놀이 플러스

- 처음에는 그물은 헐겁게, 장난감은 꺼내기 쉬운 작은 것으로 하다가 점점 난이도를 높여 그물은 촘촘하게, 장난감은 모양과 크기가 다양한 것으로 놀이해보세요.
- 탄성 있는 끈을 사용하면 아기가 좀 더 쉽게 장난감을 꺼낼 수 있어요.
- 거품기 안에 폼폼이와 같은 작은 물건을 넣어 꺼내기 놀이로 확장해보아도 좋아요.

| 첫 손놀이_놀이2 | # 테이프를 쭈우욱! |

★ **발달 포인트** #소근육발달 #두뇌발달 #집게손가락사용 #눈과손의협응

놀이 소개 이 시기 아기들에게 손을 많이 사용하게 하는 것은 두뇌발달에 큰 도움이 됩니다. 우리 뇌의 운동중추 중 가장 넓은 면적을 차지하는 것이 바로 손을 관할하는 부위이기 때문이지요. 아기와 함께 손의 움직임을 자극하는 테이프 떼기 놀이를 해보세요. 살짝 떨어져 있는 테이프는 아기의 흥미를 자극하고, 아기는 테이프를 잡아당겨 떼어내 보며 즐거움과 만족감을 느낄 수 있어요.

준비물 마스킹테이프(혹은 종이테이프나 절연테이프)

놀이 방법

1. 테이프를 탐색해요.

   "여기 동그란 테이프가 있네. 테이프는 길쭉한 모양으로 쭈욱 뜯어낼 수 있어. 한번 만져볼까?"

2. 아기 앞에 테이프를 길게 붙여요.

   "엄마가 끈적끈적 테이프를 바닥에 붙여볼게. 붙어라 얍!!"

3. 테이프의 끝부분을 잡고 떼 내어 보아요.

   "테이프가 바닥에 착 달라붙었네. 테이프 끝을 잡고 당겨볼까?"
   "테이프를 잡아당기니까 쭈우욱 떨어지네!"

4. 테이프를 옷이나 가구에 붙인 후 떼 내어 보아요.

   "엄마 옷에 붙은 테이프를 떼 내어 줄 수 있을까? 칠판에도 테이프가 붙었어!"

놀이 플러스 +

- 테이프는 접착력이 적당하고 떼어내기 쉬운 것을 이용하면 좋아요.
- 처음에는 테이프 끝부분을 떼 내어 살짝 접어 놓아주면 좋아요. 아기가 놀이에 익숙해지면 점점 난이도를 높여보세요.
- 테이프를 짧게 뜯어보거나 구겨서 동그랗게 만드는 등 형태를 변화시켜 보는 것도 재미있는 놀이가 될 수 있어요.

12 첫 거울놀이

거울 속 자신을 알아보는 걸까.
거울을 들여다보던 아기는 눈이 없어질 만큼 활짝 웃는다.
거울 속에 있는 네가 좀 귀엽긴 하지?

보채는 아기를 업고 집안을 하염없이 오가며 엉덩이를 토닥인다. 그러다 아기가 고요해진 순간, 잠이 들었나? 작은 기대를 안고 살금살금 거울 앞으로 발걸음을 옮겨본다. 거울 속에 비친 동그랗고 까만 두 눈과 눈이 마주쳤다. 아, 아직 안 자는구나…. 조금 실망하려던 찰나 거울 앞에서 아기가 방그레 웃는 것이 보인다. 나를 보고 웃는 걸까? 아니면 거울 속 제 얼굴을 보고 웃는 걸까?

거울 속에 비친 아기의 미소가 또 보고 싶어 그 후로 거울을 지나칠 때마다 꼭 함께 들여다보며 말을 걸었다. "어디서 이렇게 귀여운 아기가 태어났을까~?", "거울 속에 우리가 행복하게 안고 있네." 내 품의 아기가 예쁘게 웃을 때면, 거울 속 내 모습은 꾸질꾸질 하더라도 꽤 괜찮은 엄마처럼 느껴졌다. 거울 앞에서 아기를 안고 이리저리 장난을 쳐보기도 하고, 흔들흔들 춤도 춰본다.

거울은 점차 아기의 재미있는 놀잇감이 되었다. 전신거울, 탁상 거울, 손거울, 또 장난감 안에 있는 여러 거울들을 누워서도 보고 앉아서도 보며 요리조리 가지고 놀았다. 신기하게도 아기는 거울을 통해 나와 눈이 마주칠 때면 늘 방긋한 미소를 짓는다. 거울 속 자신을 들여다보며 입을 맞추기도 하고 눈이 없어질 만큼 웃기도 한다.

거울을 보고 이토록 환하게 웃을 수 있다는 건 참 사랑스러운 일이다. 조금 더 자라 거울 속에 비친 사람이 자신이란 걸 알게 되었을 때도, 늘 거울에 비친 자신을 바라보며 환하게 웃을 수 있으면 좋겠다. 거울 속 내 모습을 아끼고 사랑하며 말이다.

| 첫 거울놀이_놀이1 | # 거울 속에 내가 보이네? |

★ **발달 포인트** #자아개념발달 #인지발달 #신체인식 #긍정적자아형성 #공간감각발달

놀이 소개 거울 놀이는 아기가 거울을 통해 자신의 모습을 바라보며 자기를 인식하고, 자아개념을 발달시키는 데 도움을 줍니다. 집에 있는 다양한 거울들을 활용하여 아기와 재미있는 거울 놀이를 해보세요. 거울을 통해 여러 자세로 비친 나를 바라보며, 또 거울 속에 비친 모습을 이리저리 변화시켜 보며 아기는 자신의 존재를 점점 알아가고 사랑할 수 있어요.

준비물 다양한 형태의 거울(전신거울/탁상거울/손거울/거울지 등), 스티커

놀이 방법

1. 누워서, 엎드려서, 앉아서 등 다양한 자세로 거울을 봐요.

    "거울 속에 누가 있지? 사랑스럽게 누워있는 우리 아기가 있네!"

    "엎드려서 거울을 볼까? 이번에는 앉아서 거울을 볼까?"

2. 거울을 보며 눈, 코, 입 등 신체 부위를 가리켜 봐요.

    "코코코코코~ 거울을 보고 동글동글 아기 코를 찾아보자!"

3. 거울을 보며 내 얼굴에 스티커를 붙여봐요.

    "스티커가 어디에 붙어있지? 아기 이마에 붙은 스티커를 떼볼까?"

4. 거울 속 나에게 인사해요.

    "거울 속에 있는 나에게 안녕~ 하고 인사해볼까?"

    "거울에 있는 나에게 뽀뽀해보자."

놀이 플러스

- 하루에 모든 거울 놀이를 다 하기보다는 아기의 흥미에 따라 일상에서 수시로 놀이해 보아요.
- 아기가 자주 다니는 곳에 유아용 안전 거울이나 거울지(거울 재질의 얇고 구부러지는 종이)를 붙여두어도 좋아요.
- 안전 거울이 아닌 거울을 놀이에 활용할 땐 아기의 안전에 꼭 유의하세요.
- 거울을 보며 신체 부위를 짚어 볼 때는 '눈은 어디 있나 여기~' 노래나 '머리 어깨 무릎 발 무릎 발~'과 같은 노래를 부르며 놀이해도 좋아요.

첫 거울놀이_놀이2

거울 속에 비친 우리

★ **발달 포인트** #공감능력발달 #사회성발달 #자아존중감발달 #애착형성 #유대감증진

놀이 소개 아기가 거울 속에 비친 나와 엄마 즉 '우리'를 인식할 수 있는 놀이입니다. 아기는 수많은 시간 엄마를 바라보고 있지만, 엄마와 내가 함께 있는 모습은 거울을 통해서만 볼 수 있지요. 거울을 통해 행복한 우리의 모습을 보여주세요. 아기는 나와 엄마의 표정, 몸짓 등을 읽으며 공감 능력을 기를 수 있고, 거울에 담긴 사랑받는 내 모습을 보며 자신의 존재에 대한 긍정적 인식과 자아존중감이 높아져요.

준비물 아기와 엄마가 함께 볼 수 있는 크기의 큰 거울

놀이 방법

1. 거울의 각도를 조절해 거울 속의 나와 엄마를 번갈아 봐요.

   *두 사람의 위치는 바꾸지 않은 채 거울을 움직여 거울 속에 비치는 상을 아기가 볼 수 있게 해주세요.

   "똑똑~ 거울 속에 우리 아기 있나요? 짜잔! 엄마도 거울 속에 있네."

2. 거울을 활용해 까꿍 놀이를 해요.

   "엄마가 어디 있지? 우리 아기 뒤에 숨었나?"

   "까꿍! 거울에 엄마가 나타났어!"

3. 엄마 앞에 안겨서 거울 앞으로 빠르게 다가가거나 멀어져 봐요.

   "거울에 가까워졌다~ 멀어졌다! 멀어지니 우리가 작아졌어."

   "느리게 멀리 갔다가~ 이번에는 빠르게 가까워진다!"

4. 엄마와 함께 거울을 보며 표정 놀이를 해요.

   "엄마랑 함께 하하하 웃어볼까? 메롱 해볼까?"

5. 거울 앞에서 엄마와 스킨쉽을 하며 애정표현을 나눠요.

   "거울 속에 우리가 꼭 껴안고 있네. 행복해보여."

   "우리 아기는 하늘이 엄마에게 준 최고의 선물이야. 사랑해."

놀이 플러스

- 큰 거울 옆을 지날 때, 목욕하고 나왔을 때, 아기 띠로 아기를 안고 있을 때 등 수시로 아기와 함께 거울을 보며 놀이하면 좋아요.
- 거울에 비친 풍경은 아기가 있는 공간을 다른 각도로 보여주어 아기의 공간 감각을 길러주는 데 도움을 줍니다. 아기와 함께 거울을 통해 여러 공간을 비추어 보는 것도 좋은 놀이가 될 수 있어요.

13 첫 엄마, 아빠

작은 입술이 오므렸다 벌어지는 사이로 '엄마' 하는 소리가 났다.
세상에 나온 아기가 처음으로 한 말이었다.

에~! 으응~! 옹알이를 하던 아기가 어느 순간부터 음~마~ 음맘맘마~ 소리를 내기 시작했다. 꼭 엄마를 부르는 것 같다가도 또 아닌 것 같기도 하고.. 그래도 아기가 음~마~라고 할 때마다 나를 부르는 것만 같아 "엄마 불렀어~?" 라고 고조된 목소리로 대답을 해본다. 아기가 세상에 태어나 처음으로 연습하는 말이 엄마라니.. 참 고맙다. 아기 곁을 꼬박 지키며 엄마 노릇을 했기에 받는 선물일까?

음맘마~를 열심히 부르던 어느 날 아침, 남편 품에 안겨 있던 아기가 지나가는 나를 보며 "엄마!"라고 말했다. 순간 심장이 쿵! 1초 찰나의 짧은 순간이 이렇게 강렬하게 남을 수가 있을까. 이날은 아마 절대로 잊지 못할, 내가 아기에게 엄마라고 불린 첫날이다. 나를 부른 아기에게 다가가 아기를 품에 꼬옥 품어본다. 아기의 오동통한 볼살 아래로 입꼬리가 올라가는 게 보인다. 가슴이 뭉클하다. 엄마 소리를 한 번 더 듣고 싶은 마음에 "엄마~?" "엄마 불렀어~? 엄마~?" 하며 괜히 더 다정하게 말을 건네 본다.

'엄마' 라는 이 한 단어에 이토록 기분 좋을 수가 있을까.

| 첫 엄마, 아빠_놀이1 | # 엄마, 요기! 아빠, 요기! |

★ **발달 포인트** #언어발달 #우리가족알기 #소속감형성 #자아존중감발달

놀이 소개 아기에게 사랑하는 가족의 모습이 담긴 가족 앨범을 만들어주세요. 포켓형 앨범에 가족사진을 꽂아 주기만 하면 끝! 세상에서 하나뿐인 애착 놀잇감이 될 거예요. 가족 앨범을 보며 엄마 아빠를 찾아보고, 불러보고, 또 추억을 나누는 과정은 아기와 엄마 아빠 사이의 애착 형성에 도움이 되어요. 또한, 앨범을 보며 들려주는 가족 이야기는 아기에게 좋은 언어 자극이 되어 언어발달을 촉진할 수 있어요.

준비물 (작은 사이즈) 포켓형 앨범, 가족사진

놀이 방법

1. 아기에게 가족 앨범을 소개해 주어요.
   "우리 가족 사진이 담긴 앨범이야. 우리 함께 넘겨볼까?"

2. 가족사진을 보며 엄마, 아빠를 찾아봐요.
   "여기 엄마가 있네. 아빠는 어디 있지?"

3. 사진을 보며 함께했던 추억을 이야기 나눠요.
   "우리가 함께 바닷가에 갔던 날이네. 이날 참 행복했었지!"

4. 아기에게 가족의 사랑을 표현해주세요.
   "여기 있는 엄마, 아빠, 할머니, 할아버지 모두가 널 너무나 사랑해."
   "앞으로도 우리 서로 사랑하며 행복하게 하루하루 지내자."

놀이 플러스

- 사진이나 앨범이 조금 찢어지고 구겨지더라도 아기가 마음껏 탐색하고 느낄 수 있는 기회를 주세요.
- 가족이 모두 나온 사진, 엄마나 아빠 혹은 아기만 나온 사진 등 다양한 구성의 사진을 넣어주세요. 얼굴을 잘 알아볼 수 있는 사진이 좋아요.
- 가족사진을 아기가 자주 오가는 곳 낮은 벽면에 붙여두어도 좋아요.
- 엄마, 아빠 결혼사진 앨범이나 아기의 성장 앨범이 있다면 함께 보아도 좋아요.

첫 엄마, 아빠_놀이2

책 속에 엄마, 아빠가 있어요

★ **발달 포인트** #언어발달 #책이랑친해지기 #교감의시간 #그림이해하기 #조작능력발달

놀이 소개 가족이 함께 그림책을 읽는 시간은 아기의 마음에 따뜻한 말과 풍부한 감정을 심어줍니다. 엄마~ 아빠~ 하며 이제 막 첫 발화를 시작한 아기에게 엄마, 아빠가 등장하는 그림책을 읽어주세요. 아기는 그림책에 나오는 이야기나 그림을 친근하게 느끼며 따라 해 볼 수 있고, 이 시간은 엄마, 아빠와의 유대관계를 더 끈끈하게 만들어줍니다. 물티슈 캡이나 펠트지를 활용하여 간단한 조작 북을 만들어준다면 아기가 책을 더 흥미롭게 여길 수 있어요.

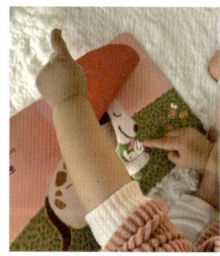

준비물 엄마아빠가 등장하는 그림책 (엄마랑 뽀뽀, 아빠한테 찰딱 등), 물티슈 캡, 펠트지

놀이 방법

1. 책 표지를 보며 이야기 나눠요.

    "책에 엄마 원숭이랑 아기 원숭이가 있네. 둘이 무얼 하고 있지?"

    "표지를 열어 그림책 속으로 들어가 볼까?"

2. 책 속의 반복되는 리듬을 느끼며 그림책을 읽어요.

    "귀염둥이 우리 아가 엄마랑 뽀뽀~"

    "귀염둥이 곰질곰질 아빠한테 찰딱~"

3. 책 속에서 엄마와 아빠, 그리고 아기를 찾아봐요.

    "아기 캥거루는 여기에 있네! 엄마 캥거루는 어디에 있지?"

4. 책 속에 나오는 애정표현을 따라 해보아요.

    "오리처럼 엄마랑 뽀뽀해볼까? 쪽!"

    "기린처럼 아빠한테 찰딱 붙어보자~"

5. 물티슈 캡이나 펠트지를 붙여 아기가 열어볼 수 있는 조작 북을 만들어요.

    "뚜껑을 열어볼까? 아빠와 아기가 꼬옥 안고 있네."

놀이 플러스 +

- 물티슈 캡과 펠트지를 아기가 가장 흥미롭게 보는 페이지에 붙여주면 좋아요.
- 책을 처음부터 끝까지 꼭 읽지 않아도 괜찮아요. 아기가 흥미를 보이는 페이지에 충분히 머물러 즐길 수 있도록 도와주세요.
- 그림도 함께 살펴보며 읽어주세요. 그림 속에 숨어 있는 재미있는 요소들을 찾아보며 아기가 책에 더욱 흥미를 느낄 수 있어요.
- 엄마, 아빠가 등장하는 함께 읽기 좋은 그림책을 소개해요.

14 첫 흉내 내기

언제 이만큼 커서 엄마를 따라 하게 된 거니?

아기가 짧은 팔과 다리로 이런저런 흉내를 내는 모습이 너무 사랑스러워서 자꾸만 시켜보고 싶다.

자꾸만 카메라를 들이밀고 싶다.

아기의 식사가 끝났다. 물티슈를 한 장 뽑아 손을 닦이고, 식탁을 닦는다. 그리고는 몸을 숙여 바닥에 흩어진 음식을 닦아내고 있는데 식탁 위로 웃음소리가 들린다. 고개를 들어 바라보니, 아기가 아주 해맑은 얼굴로 식탁을 닦고 있는 것이 아닌가? 조그마한 손과 식탁 사이에는 하얀 물티슈 한 장이 끼워져 있었다.

"어머나 세상에~ 우리 아기가 식탁 닦아주는 거야?" 놀란 마음에 말을 건네자 아기는 더 신이 난 듯 물티슈를 싹싹 문질러댔다. 아기는 매일 반복하는 일상의 내 모습을 그대로 따라하고 있었다. 언젠가 아기가 내 모습을 흉내 내기 시작하면 재미있을 거란 생각은 했었지만, 첫 흉내 내기가 식탁 닦기일 줄이야. 나를 따라 하는 모습을 보니 귀여워서 웃음이 난다. 싹싹싹~ 싹싹싹~ 소리를 얹어주니 아기는 뿌듯한 표정을 지으며 식탁 닦기 흉내를 낸다.

그 후로 아기는 점점 내 모습을 복사하기 시작했다. 물을 마실 때면 나를 따라서 캬~ 소리를 냈고, 로션을 바를 때면 나를 따라서 톡톡톡 자기 볼을 두드렸다. 언제 이만큼 커서 엄마를 따라 하게 된 거니? 아기가 짧은 팔과 다리로 이런저런 흉내를 내는 모습이 너무 사랑스러워서 자꾸만 시켜보고 싶다. 자꾸만 카메라를 들이밀고 싶다.

귀여운 녀석, 나를 따라 하며 대체 무슨 생각을 하는 거니?

첫 흉내 내기_놀이1

재미있는 엄마 흉내

★ **발달 포인트** #모방행동발달 #물건의용도이해 #일상생활익히기 #신체조절력발달

놀이 소개 아기와 함께 재미있는 흉내 내기 놀이를 해보세요. 아기들은 모방을 통해 언어와 행동을 배워갑니다. 엄마가 자주 하는 친숙한 행동들을 따라 하며 일상생활에 필요한 말과 행동을 익힐 수 있어요. 또한, 이 과정에서 타인을 모방하고 학습하는 거울 뉴런이 발달하게 되는데 이는 이후 공감 능력과 사회성 발달에도 중요한 영향을 미친답니다. 놀이에 의성어, 의태어를 재미있게 활용하여 아기의 흥미를 자극해보세요.

  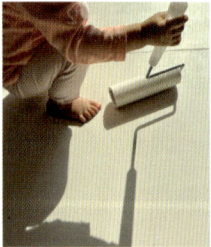

준비물 핸드폰, 컵, 작은 빗, 청소도구 등

놀이 방법

1. 엄마가 전화 받는 모습을 따라 해요.

    "따르릉 따르릉~ 전화 왔어요! 여보세요?"

2. 엄마가 물 마시는 모습을 따라 해요.

    "엄마처럼 컵으로 물을 마셔볼까? 꿀꺽꿀꺽~ 아 시원하다!"

3. 엄마가 머리 빗는 모습을 따라 해요.

    "우리 아기 머리를 빗으로 슥슥삭삭 빗어보자."

4. 엄마가 청소하는 모습을 따라 해요.

    "엄마처럼 싹싹싹 청소해볼까? 바닥이 깨끗해졌네!"

★ 상징놀이란? 다른 사람의 역할을 모방하거나 언어 및 사물을 이용하여 '~하는 척' 하는 놀이

■ 상징놀이 발달 단계

1. 탐험적 놀이

   : 물건을 탐험하고 탐색 하는 단계

2. 전 상징기적 행동

   : 물건의 기능적인 사용을 이해하여 행동으로 표현하는 단계

   예) 전화기를 귀에 가져다 댄다.

3. 자동적 상징행동

   : 자신의 몸을 중심으로 하는 상징행동 발달

   예) 빈 컵을 들고 마시는 흉내를 낸다.

4. 단순 상징행동

   : 자신 외 다른 대상에게 행하는 놀이

   예) 인형에게 우유를 먹이는 흉내를 낸다.

놀이 플러스 ✚

- 실제 물건을 활용해도 좋고, 아기용 모형 놀잇감을 활용해도 좋아요.
- 책에 제시된 행동이 아니더라도 아기가 흥미로워하는 엄마의 행동이라면 무엇이든 괜찮아요.
- 아기의 행동을 엄마가 따라 해보는 놀이로 바꿔서 해보아도 재미있어요.

첫 흉내 내기_놀이2

곤지곤지 잼잼
(우리 민족의 전통 육아법 활용 놀이)

★ **발달 포인트** #모방행동발달 #전통놀이경험 #소근육발달 #대근육발달 #유대감증진

놀이 소개 곤지곤지, 잼잼, 짝짜꿍. 한 번쯤은 들어보았을 이 놀이는 우리 민족의 전통 육아법인 '단동십훈'의 일부랍니다. 단동십훈은 아기의 대근육과 소근육을 고루 자극하고 엄마와의 정서적 교감을 나눌 수 있는 간단한 몸놀이입니다. 선조들의 지혜가 담긴 10가지 단동십훈을 따라 아기와 함께 놀이해보세요. 단동십훈 하나하나에는 아기를 위한 축복의 메시지들도 담겨있어 정서발달에도 긍정적인 영향을 준답니다.

준비물 아기를 향한 축복의 마음

놀이 방법

1. '세상 모든 생명과 조화를 이루며 살아가라'는 뜻의 <곤지곤지>를 해요.

   "(왼손을 펴고, 오른손 집게손가락으로 왼쪽 손바닥을 콕콕 찍으며) 우리 아기 엄마를 따라 해볼까? 곤지곤지~ 곤지곤지~"

2. '좋은 것과 나쁜 것을 잘 헤아리며 살아가라'는 뜻의 <잼잼>을 해요.

   "(두 손을 쥐었다 폈다 하며) 엄마랑 잼잼 놀이 해보자! 잼잼~ 잼잼~"

3. '착한 마음을 갖고 신나고 기쁘게 살아가라'는 뜻의 <짝짜꿍>을 해요.

   "(손바닥을 마주쳐 짝짝 소리를 내며) 엄마랑 함께 짝짜꿍 짝짜꿍 해볼까?"

4. '여기저기 잘 살피고 슬기롭게 살아가라'는 뜻의 <도리도리>를 해요.

   "(고개를 왼쪽 오른쪽으로 돌리며) 도리도리 고개를 돌려보자. 도리도리~"

놀이 플러스

- 단동십훈 놀이를 하며 함께 읽기 좋은 책을 소개해요.

[그 외의 단동십훈]

- 불아불아 : 세상을 비추는 밝은 빛이 되라는 뜻.
- 달강달강 : 자신을 소중히 여기고 다른 사람을 존중할 줄 아는 아이로 자라라는 뜻.
- 섬마섬마 : 무엇이든 혼자 할 수 있는 용기와 독립심을 키우라는 뜻.
- 질라아비 훨훨의 : 어떤 질병도 오지 말고, 건강하고 활기차게 자라라는 뜻.
- 에비에비 : 아이가 좋지 않은 행동을 하거나 위험한 곳에 가지 않도록 가르치는 말.
- 아함아함 : 아이가 얼마나 소중한 존재인지 알려주는 말.

15 첫 걸음마

아기가 아장아장 걸음을 뗀다. 두 다리뿐만 아니라 두 눈으로도 걷고 있는 것 같다.

바닥과 하늘을 바라보고, 길가에 난 풀을 만지고, 돌멩이를 줍는다.

아기가 멈춰 서는 곳을 따라가 보니 아기의 눈높이에 담기는 나지막하고 다정한 세상이 보인다.

"그렇지! 그렇지! 와아~ !!!!"

엄마와 잡고 있던 손을 놓고, 스스로 첫 발을 내딛은 아기를 향해 온 가족의 박수가 쏟아진다. 아기도 뿌듯한지 하얀 이를 드러내며 활짝 웃는다. 우리 아기가 드디어 첫발을 내딛었구나. 얼떨결에 뗀 몇 발짝이 아니라는 걸 알기에, 이 한 걸음을 걷기 위해 얼마나 많은 노력과 얼마나 큰마음을 먹었을지 알기에, 지금, 이 순간 아기가 너무나 대견하고 자랑스럽다. '동네 사람들! 우리 아기가 걸었어요! 우리 아기가 혼자 걸었다구요!'

스스로 할 때가 되면 다 한다더니. 오늘이 바로 그날이었다. 친구들은 다 걷는데 우리 아기만 늦는 것 같아 내심 초조했던 마음을 숨기며 아기에게 건네던 갖가지 회유는 모두 소용이 없었다. 아기는 오늘이 날이라고 생각했는지 잡고 있던 내 손을 스르르 놓더니 이내 몇 발짝을 걸었다. 온 가족이 함께 모인 하필 오늘, 보란 듯이 말이다.

첫걸음은 신체 능력의 발달 그 이상의 의미를 지닌다. 아기는 엄마 손을 놓고 스스로 걸어 다니며 이전보다 훨씬 더 능동적인 탐색자가 되어간다. 아기는 자신이 가고 싶은 곳으로 걸어가고, 멈추고 싶은 곳에서 멈추며 마음이 이끄는 대로 세상과 소통하게 될 것이다.

조금은 느긋한 마음으로 아기의 걸음을 따라가야지. 몸을 낮추어 아기가 발견해내는 작은 것들에 함께 감탄하며 다정히 걸어야지. 그 말랑하고 작은 두 발로 세상에 내디딘 첫걸음이 너무 사랑스러워 무엇이든 해줄 수 있을 것만 같은 순간이다.

"아가야, 첫걸음마를 축하해! 네가 가는 길마다 엄마가 늘 응원하고, 함께 할게. 우리 오늘의 용기를 기억하며 늘 즐겁게 걷자. 사랑해 우리 아가!

첫 걸음마_놀이1

으쌰! 일어나서 포스트잇 떼기

★ **발달 포인트** #대근육발달 #신체조절능력발달 #도전감 #성취감

놀이 소개 아기가 가구를 잡고 일어서거나 가구를 밀며 걸어 다니기 시작했다면 벽을 잡고 하는 놀이를 해보세요. 소파와 같은 가구에 비해 벽은 가슴이나 등을 기대기 어려워 아기가 스스로 중심을 잡아가는 데 도움이 된답니다. 아기는 벽에 붙은 포스트잇을 떼기 위해 영차! 일어나고, 다시 앉고, 또 일어나고를 반복하며 신체 조절 능력을 기를 수 있고 벽을 잡고 걸으며 걸음마 연습을 할 수 있어요.

준비물 벽, 포스트잇, 빈 통

놀이 방법

1. 아기와 함께 포스트잇을 탐색해요.

    "엄마 이마에 네모 종이가 붙어있네. 떼어볼까?"

    "(뗐다 붙였다 해보며) 이 종이는 이렇게 뗐다 붙였다 할 수 있는 종이야."

2. 아기가 포스트잇에 관심을 보이면 아기의 키보다 조금 높게 포스트잇을 붙여요.

    "엄마가 네모 종이를 붙였어. 우리 아기 키보다 높이 붙어있네!"

3. 벽을 짚고 일어나, 손을 뻗어 포스트잇을 떼어요.

    "벽을 잡고 영차 일어나 볼까? 손을 쭈욱 뻗어 종이를 떼보자!"

4. 떼어 낸 포스트잇을 빈 통에 담아봐요.

    "우리 떼어 낸 종이를 여기 담아볼까?"

    "네모 종이가 하나~ 둘~ 많이 모였네!"

5. 포스트잇을 가지고 일어나 다시 벽에 붙여보아요.

    "네모종이를 통에서 다시 꺼내볼까?"

    "우리 으쌰! 일어나서 네모 종이를 다시 높이 붙여보자."

놀이 플러스

- 다양한 크기, 모양, 색깔의 포스트잇을 활용하여 아기에게 시각적 자극을 주는 것도 좋아요.
- 포스트잇을 엄마 아빠의 몸에 붙이고 아기가 떼어보는 놀이로도 확장할 수 있어요.
- 포스트잇을 대신하여 볼풀공 등 작은 장난감을 테이프로 벽에 살짝 붙여 놓아도 좋아요. 아기의 반응을 살펴 흥미로워하는 물건을 붙여보세요.

첫 걸음마_놀이2

아장아장, 하이파이브!

★ **발달 포인트**　#대근육발달 #이동운동능력발달 #긍정적신체인식 #만족감 #유대감증진

놀이 소개　한 발짝, 두 발짝 스스로 걸음을 걷기 시작한 아기는 걷는 것이 너무나 즐겁습니다. 균형감각을 익히며 즐겁게 걸음을 연습할 수 있도록 하이파이브 놀이를 해보세요. 엄마 아빠 사이를 오가며 용기 내서 앞으로 걸어갈 수 있고, 스킨쉽을 통해 만족감과 성취감을 느낄 수 있답니다. 걸음마를 시작하면 아기는 탐색 의지가 높아지고 인지적·정서적으로 급격한 성장을 겪는답니다. 아기의 성장을 응원하는 마음을 담아 기쁘게 하이파이브를 해주세요!

🟣 **준비물** 아기를 향한 밝은 리액션, 찍찍이 캐치볼(생략가능)

🟣 **놀이 방법**

1. 엄마, 아빠와 즐겁게 손을 맞대어 하이파이브를 해봐요.

    "하이파이브는 기쁜 마음을 표현하는 거란다. 엄마는 우리 아기가 걸을 수 있게 되어서 정말 기뻐!"

2. 엄마와 아빠는 적당한 거리를 띄워 앉아요.

    "엄마랑 아빠랑 떨어져 앉았네?"

3. 아기는 엄마, 아빠 사이를 오가며 즐겁게 하이파이브를 해요.

    "엄마에게 하이파이브를 하러 걸어와 볼까?"

    "이번에는 아빠에게 하이파이브를 하러 가보자!"

4. 찍찍이 캐치볼을 활용해 하이파이브 놀이를 해봐요.

    ＊ 찍찍이 캐치볼을 활용할 경우, 찍찍이 판에 공이 짝! 붙는다는 것을 아기가 미리 탐색할 수 있도록 해주세요.

    "우리 찍찍이 공으로도 하이파이브를 해볼까? 걸어와서 공을 짝! 붙여보자"

놀이 플러스 ✚

- 아기가 충분히 걸음마에 흥미를 느꼈을 때 놀이를 시작해주세요. 기질에 따라 걸음마에 익숙해지는데 시간이 많이 걸리는 아기들도 있답니다. 우리 아기의 속도를 기다려주고, 응원해 주세요.
- 아기가 놀이에 익숙해지는 만큼 걸을 수 있는 거리를 조금씩 넓혀보세요.
- 하이파이브 대신 포옹, 뽀뽀 등 평소 아기가 좋아하는 다양한 스킨쉽으로 놀이해도 좋아요.

16 첫 생일

"아가야, 세상에 태어나 모든 것을 처음 경험하는 너의 곁에서 모든 첫 순간을 함께 할 수 있다는 건 정말 감사한 일이야. 앞으로도 우리 하루하루 사랑하며 행복하게 지내자. 엄마는 늘 너의 곁에서 네가 알아가는 세상을 응원할게. 우리 아가 첫 번째 생일을 축하해! 그리고 많이많이 사랑해."

첫 생일을 맞은 너에게,

아가야. 우리 아가야. 오늘은 네가 태어난 지 꼭 1년이 되는 날이야. 엄마 배 속에서 태어나 부서질 것처럼 작았던 네가 이제는 몸도 꽤 단단해지고 할 줄 아는 것도 많아졌단다. 너와 함께한 1년을 돌이켜 보면 어느 하루도 특별하지 않은 날이 없었어.

우리가 처음 만난 날, 엄마는 세상을 다 가진 것처럼 행복했고 처음 너를 품에 안은 날, 언제까지나 지켜주어야 겠다고 생각했단다. 네가 처음으로 웃어주던 날, 마음이 통하는 느낌에 설레어 발을 동동 굴렸고 네가 처음으로 뒤집던 날, 너의 첫 도전과 성공에 엄마도 함께 벅차올랐어. 첫 여행을 가던 날엔, 우리가 함께 즐길 수 있는 것들이 생겨서 행복했고 너와 처음 맞이하는 계절은 유난히도 더 아름답게 다가왔어. 너에게 첫 1년은 어땠을까?

아가야. 사실은 엄마도 엄마가 처음이라, 너를 돌보는 게 많이 서툴렀을지도 몰라. 네가 소리 높여 울 때면 엄마도 어쩔 줄 몰라 함께 운 적도 많았지. 그래도 엄마가 된다는 건 정말 값진 일이라는 걸 너를 통해 알아가고 있어. 너의 엄마라서 너의 가장 예쁜 웃음을 한가득 볼 수 있고, 너의 엄마라서 너의 가장 빛나는 첫 순간들을 늘 함께 할 수 있어. 세상에 태어나 모든 것을 처음 경험하는 너의 곁에서 모든 첫 순간을 함께 할 수 있다는 건 정말 감사한 일이야.

아가야. 엄마 아빠에게로 와주어서 정말 고마워. 그리고 매일 세상에서 가장 순수한 웃음과 사랑을 선물해주어서 고마워. 앞으로도 우리 하루하루 사랑하며 행복하게 지내자. 엄마는 늘 너의 곁에서 네가 알아가는 세상을 응원할게. 우리 아가 첫 번째 생일을 축하해! 그리고 많이많이 사랑해.

첫 생일_놀이1

오트밀 케이크 놀이

★ 발달 포인트   #소근육발달 #촉감발달 #상징놀이발달 #생일의기쁨느끼기 #물질의변화경험

놀이 소개 생일 축하 놀이는 아기들이 가장 좋아하는 놀이 중 하나입니다. 아기는 생일을 축하받으며 자신의 탄생과 존재를 인정받는 기쁨을 느낄 수 있어요. 또 생일 축하 노래를 부르고, 초를 불고, 애정 표현을 나누며 생일의 즐거움을 알아가게 된답니다. 아기와 함께 오트밀을 쌓아 케이크를 만들고 채소 스틱을 꽂아 촛불을 끄는 상징 놀이를 해보세요. 놀이를 통해 아기가 세상에 처음 온 그날을 마음껏 축하해 줄 수 있어요.

준비물 오트밀, 채소 스틱(당근, 오이 등), 물, 분무기

놀이 방법

1. 오트밀을 자유롭게 탐색해요.

    "아침에 먹었던 오트밀이 아주 많네. 엄마랑 함께 만져볼까?"

    "오트밀이 머리 위에서 우수수 떨어지네."

2. 오트밀을 쌓아 케이크 모양을 만들어요.

    "오트밀을 쌓아보자. 우리 아기 생일을 축하하는 케이크가 되었어!"

3. 오트밀에 당근 초를 꽂아 봐요.

    "길쭉한 당근을 케이크에 꽂아볼까? 생일 축하 촛불이 되었네!"

4. 아기의 탄생 이야기를 들려주며 생일 축하 노래를 불러주어요.

    "너는 맑은 초여름, 유난히도 날씨가 좋던 날 태어났어. 태어나서 눈도 못 뜨고 응애응애 울던 네 모습은 정말 작고 사랑스러웠지. 그렇게 우리의 사랑이 시작되었어."

    "엄마와 함께 생일을 축하하는 노래를 불러볼까? 생일 축하합니다."

5. 오트밀에 물을 뿌려 촉촉하게 만든 후 다시 케이크를 만들어요.

    "파삭파삭 오트밀을 촉촉하게 만들어 보자. 엄마가 물을 뿌려볼게."

    "오트밀이 촉촉하고 무거워졌네."

놀이 플러스 ✛

- 꼭 생일 케이크를 완성하고, 초를 꽂고, 노래를 부르지 않아도 괜찮아요. 아이의 자유로운 탐색과 스스로 만들어가는 놀이를 인정해주세요. 오트밀 속에 당근을 숨겨보고 찾아보는 놀이로 확장해도 재미있어요.
- 오트밀을 믹서기에 갈면 부드럽고 촉촉한 가루가 되어요. 그냥 오트밀과 가루 오트밀의 크기와 촉감을 비교하며 놀이해도 좋아요. 단, 가루로 놀이할 때는 아기가 많은 양을 한꺼번에 삼키지 않도록 안전에 유의해주세요.
- 오트밀 대신 밀가루, 빵가루, 씨리얼 등의 재료로 대체하여 놀이해도 좋아요.

첫 생일_놀이2

나의 첫 생일카드

★ **발달 포인트** #자아존중감발달 #사회성발달 #의미있는기록 #추억저장 #쓰기도구사용

놀이 소개 아기의 첫 생일을 맞이하여 의미 있는 생일 카드를 남겨보세요. 아기가 직접 끼적여 본 꼬불꼬불 그림은 첫 생일의 순간을 기억하는 소중한 기록이 될 거예요. 또, 사랑하는 가족이 써 준 생일 카드는 아기가 두고두고 꺼내 볼 귀한 선물이 될 수 있어요. 돌잔치를 한다면, 아기의 주변 사람들이나 아기의 친구들에게도 생일 카드를 부탁해보세요. 아기가 먼 훗날 '내가 이만큼이나 많은 사랑을 받으며 자랐구나' 느낄 수 있도록 기록을 남겨주세요.

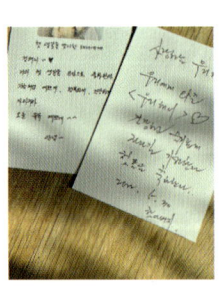  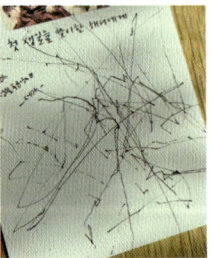

준비물 생일 카드, 필기도구

놀이 방법

1. 나에게 주는 첫 생일 카드를 끼적여요.

    "우리 아기가 1년 동안 건강하게 자라 첫 생일을 맞이했네. 나에게 생일을 축하한다는 생일카드를 써볼까?"

    "크레용을 쥐고 종이에 그림을 그려볼까? 우와~ 꼬불꼬불 예쁜 선이 그려졌네."

2. 가족들이 아기에게 사랑을 담아 생일 카드를 써주어요.

    "이건 아빠가 너에게 쓴 생일카드란다. 잘 들어 보렴~"

3. 아기의 주변 사람들이 생일 카드를 써주어요.

    "우리 아기를 사랑하는 ○○이모가 카드를 써주었네."

    "□□언니가 생일을 축하한다고 위해 예쁜 그림을 그려주었어!"

4. 아기의 첫 생일 카드를 소중하게 엮어주어요.

    "엄마가 우리 아기의 첫 생일 카드를 소중히 보관해줄게. 네가 받은 사랑을 함께 간직하는 거야. 나중에 이 카드를 보면 기분이 좋아지겠지?"

놀이 플러스 +

- 아기와 함께 생일 카드를 쓸 때는 아기가 자유롭게 끼적거려 볼 수 있도록 어느 정도 크기가 있는 종이를 주는 것이 좋아요. 그중 일부를 생일 카드 크기만큼 잘라내면 된답니다.
- 아기에게 제공하는 그리기 도구는 무독성 여부를 확인해주세요.

육퇴클럽

촉감놀이가 궁금해?

촉감놀이가 왜 좋아요?

머리 좋은 사람들의 대부분은 감각이 뛰어났다는 말, 들어본 적 있나요? 아기들은 어른보다 50배나 강력한 감각 능력을 갖추고 태어나지만, 시간이 지날수록 둔화하기 때문에 뛰어난 감각 능력이 지속될 수 있도록 꾸준히 자극해주는 것이 중요해요. 감각으로부터 얻는 다양한 정보들이 몸 안의 신경 체계를 통해 뇌로 전달되고 하나의 인지구조로 만들어지게 된답니다. 한 마디로, 아기의 오감을 골고루 자극해줄수록 뇌 발달에 긍정적인 영향을 주는 것이지요! 바로 지금이, 아기와 함께 촉감놀이를 하기 가장 좋은 시기라는 걸 잊지 말기로 해요.

손으로 느끼는 아쿠아파바   발로 느끼는 색깔소금   눈과 손 끝으로 탐색하는 당근

> 치우기가 힘들어 보여서 엄두가 안 나는데, 쉽게 할 수 있는 방법이 있나요?

촉감놀이를 할 때 아기 욕조나 놀이 매트를 활용하면 좋아요! 아기 욕조가 아닌 성인이 쓰는 큰 욕조를 이용할 때는, 안전을 위해 미끄럼방지 매트를 꼭 깔아주세요. 한 가지 꿀팁으로, 스패출러(고무주걱)를 이용하면 촉감놀이 후 쉽게 정리할 수 있어요! 놀이 후, 남은 재료들을 스패출러로 싹싹 긁어서 정리하면, 불필요한 휴지 사용도 줄이고 청소도 훨씬 수월하답니다.

아기 욕조　　　　놀이 매트　　　　스패출러(고무주걱)

육퇴클럽

> 혹시 촉감놀이 꿀팁이 더 있을까요?

아무래도 아기랑 촉감놀이를 하다 보면 주변이 어질러지는 것을 피할 수 없지요. 먼저 놀이 전에 어디서 놀이를 시작하고, 놀이를 마친 후에 어떻게 움직일지 장소와 동선을 시뮬레이션해 보세요! 놀이를 마치고 바로 샤워가 가능한 욕실에서 할지, 앉아서 놀이하기 좋은 거실에서 할지 등 놀이에 따라 동선이 가장 효율적인 장소를 정해두면 좋아요. 그리고 놀이와 정리에 필요한 물건을 미리 준비해 두면, 엄마도 아이도 놀이의 순간에 온전히 몰입할 수 있어요. 예를 들어 물이 필요한 놀이지만 욕실이 아닌 거실에서 해야 할 때는, 미리 큰 수건을 준비해놓는 센스가 필요하겠지요.

욕조 안에서 색물풀놀이   방 안에서 돗자리 깔고 밀가루놀이

> 아기가 무엇이든 입으로 다 가져가는데, 어떤 재료로 촉감놀이를 하면 좋을까요?

구강기 아기들도 안전하게 놀이할 수 있는 촉감놀이 재료를 사진으로 담아봤어요. 아기들이 일상 속에서 접할 수 있는 다양한 음식 재료를 소개합니다.

다시마(점액 놀이)	쌀 튀밥과 물엿	빵가루
밀가루	아보카도	국수
라이스페이퍼	요거트	도토리묵

제3장

13~18개월

반짝이는 호기심으로 즐기고

호기심으로 반짝반짝 빛나는 눈!

걸음마를 시작하며 자기 주도적으로 세상을 알아가고자 하는 시기입니다. 세상에 대한 호기심을 바탕으로 '나'에 대해 알아가는 시기이기도 하지요. 자아 형성이 시작되는 이 시기에는 자기주장이 확실해집니다. 또한, 발로 공을 차거나 계단을 오르내리는 등의 대근육 발달을 비롯하여, 저금통에 동전을 넣거나 포크를 사용하는 등의 소근육 발달도 더욱 정교하게 이루어져요. 아이의 성장을 응원하며 스스로 할 수 있는 것들을 존중하고 격려해주세요.

이를 바탕으로 아이는 긍정적인 자아상을 형성하고 자존감을 키워갈 수 있답니다.

첫 애정표현

사랑스럽다. 라는 말은 이럴 때 쓰는 걸까?
설레고 기쁜 마음에 입꼬리가 한없이 올라간 채로
귀여운 아이의 모습을 눈에 담고 또 담았다.

아이가 태어나기 전부터 기대했던 귀여운 바람 중 하나는, 아이를 꼭 끌어안고, 볼을 실컷 부벼댄 뒤 "너무너무 사랑해!"라 말해주는 것. 그런 다음 아이도 나를 꼭 끌어안는 것으로 답해준다면 충분한 순간일 것이다.

그런데 아이를 낳은 뒤로 계속 나만 일방적인 고백의 표현을 하고 있자니, 이쯤 되면 한 번쯤 너의 사랑 고백을 받아보고도 싶은 마음이 스멀스멀 올라온다. 아이에게 머리 위로 하트를 보여주기 시작했다. 이건 너를 향한 엄마의 마음이야! 같이 해 주면 더 좋고!

머리 위로 하트를 그리는 행동이 아이에게 어떤 의미로 다가갔을까? 처음에는 휘둥그레진 눈으로 바라보던 너. 그로부터 며칠 뒤 엄마의 하트를 받는 아이는 두 손을 이마에 착! 붙이기 시작했다. 손을 조금 더 머리 위로 높이 올려야 하는데, 짧은 팔을 머리 위로 올리려 애쓰는 모습에 풋 하고 웃음이 나왔다.

'사랑스럽다'라는 말은 이럴 때 쓰는 걸까? 설레고 기쁜 마음에 입꼬리가 한없이 올라간 채로 귀여운 아이의 모습을 눈에 담고 또 담았다. 그래 역시 애정표현은 기브앤 테이크가 있어야지. 머리 위로 하트를 그리며 서로에게 사랑하는 마음을 표현하기 시작한 우리. 이제부터 기대할 귀여운 바람이 있다면, 너의 목소리로 "사랑해"라는 말을 듣는 것!

| 첫 애정표현_놀이1 | # 우리만의 애정표현 |

★ **발달 포인트** #공감능력발달 #소통하기 #다양한자기표현 #자기인식 #유대감형성

놀이 소개 짧은 팔을 들어 머리 위로 하트를 그리며 배시시 웃는 아이의 모습은 참 사랑스럽죠. 애정표현은 자신의 감정을 이해하고 표현하는 것을 배우는 과정이에요. 아이가 표정, 몸짓으로 애정표현을 하기 시작했다면, 그 소중한 순간을 카메라에 담아 간직하며 놀이해 보아요. 찍은 사진은 인화하여 아이와 함께 앨범에 넣거나, 벽에 줄을 걸어 게시해 보세요. 이렇게 기록한 사진을 다시 보며, 지금 나누고 싶은 애정표현을 아이가 주도적으로 선택하고 표현하는 놀이로 이어갈 수 있어요.

 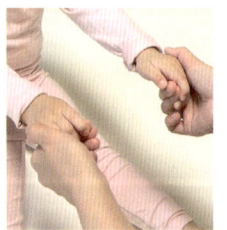 

준비물 카메라(핸드폰/폴라로이드/디지털/필름카메라 등), 인화한 사진, 스티커, 테이프나 자석

놀이 방법

1. 아이와 평소 나누던 애정표현을 하며, 그 순간을 사진으로 남겨 보아요.

    "엄마 안아줘~ 사랑해~"

    "우리 손바닥 부딪혀 볼까? 짠!"

    "같이 손잡아 볼까? 우리 꼬옥 잡은 손을 사진으로 남겨보자!"

2. 기록한 사진 속 모습을 아이와 함께 따라 해 보세요.

    "우와~ 우리 꼬옥 껴안고 있네?"

    "사진처럼 엄마 꼬옥 안아줄래?"

3. 사진을 인화하여 스티커 등으로 함께 꾸민 뒤 벽에 걸거나 냉장고에 붙여 보아요.

    "우리가 손잡고 있는 사진에 스티커를 붙여볼까?"

    "우리 서로 사랑하는 사진들을 벽에 걸어 볼까?"

    "행복한 사진을 냉장고에 붙여볼까?"

4. 게시된 사진을 보며 아이가 하고 싶은 애정표현을 골라 표현해 보아요.

    "엄마는 네가 너무 사랑스러워서 (사진을 가리키며) 뽀뽀해 주고 싶어."

    "엄마에게 어떤 걸 해주고 싶어? 우리 사진 중에서 골라볼까?"

놀이 플러스

- 애정표현을 할 때, 표정이나 말투에서도 아기가 사랑을 듬뿍 느낄 수 있도록 표현해 주세요.
- 엄마, 아빠가 사랑하는 모습을 자주 보여주세요. 서로 간단한 애정표현 하는 사진을 남겨두어도 좋아요.
- 아이가 잘 볼 수 있는 눈높이에 사진을 전시해주면 좋아요.

첫 애정표현_놀이2

우리 가족 예쁜 손

★ **발달 포인트** #표현력발달 #유대감형성 #스킨쉽 #크기비교 #오감자극

놀이 소개 부모와 아이가 서로의 애정을 느낄 수 있는 방법 중 하나는 스킨쉽 입니다. 스킨쉽은 아이의 안정적인 정서 애착을 돕기도 합니다. 다양한 스킨쉽이 있지만, '손'으로 이루어질 때가 많아요. 쓰다듬기, 토닥토닥하기, 문질문질하기 등을 통해 서로의 온기를 느끼게 하는 우리 가족의 손을 다양한 방법으로 기록해 보면 어떨까요? 그림을 그리는 과정에서 손을 만지거나 자세히 관찰할 수도 있고, 로션을 이용해 교감하거나 손자국을 남겨보며 '우리 가족의 손'과 관련된 즐거운 추억을 만들어 가요.

 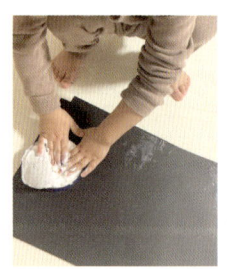 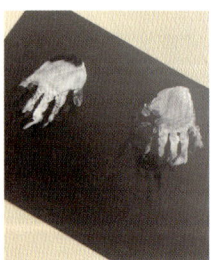

준비물 까만 종이, 색연필, 손에 묻혀 찍은 흔적이 잘 나오는 크림 제형의 로션(뉴트로지나/니베아 등)

놀이 방법

1. 엄마, 아빠, 아기의 손을 탐색해 보아요.

    "엄마 손이랑 아기 손 뽀뽀!"

    "우리 손을 맞대어 볼까? 아기 손은 작고 아빠 손은 크네!"

    "엄마 손이랑 아기 손 잡아볼까?"

2. 까만 종이 위에 엄마, 아빠, 아기의 손을 대고 색연필로 따라 그려 보아요.

    "우와 까만 종이가 있네?"

    "이 위에 엄마 손을 그려볼까?"

    "우리 아가 손도 이렇게 그려볼까?"

3. 로션을 서로의 손에 발라주며 자연스럽게 교감해 보아요.

    "엄마가 아기 손에 로션을 발라 줄게~"

    "아기도 엄마 손에 로션을 발라 줄 수 있니?"

    "우리 손 잡고 문질러볼까? 아이 간지러워~"

4. 까만 종이 위에 로션이 묻은 손으로 손도장을 찍어 보아요.

    "손에 묻은 로션을 여기 찍어볼까?"

    "어? 손이 나왔네?"

    "발로도 쿵 찍어볼까?"

놀이 플러스

- 로션을 이용해 찍은 손도장을 오려서 액자에 끼우거나, 손 모양을 따라 오려서 종이에 붙이고 색칠하는 놀이로 이어가도 좋아요.
- 스스로 로션을 짜고 싶어 할 때, 작은 약병에 덜어주거나 다 쓴 로션 통에 옮겨 주면 좋아요.

18 첫 리듬

그냥 움직이는 게 아니라, 리듬을 타고 있었다.
음악이 주는 감각적인 선물에 몸을 맡기고
아이는 세상을 향해 자유롭게 춤을 추었다.

여느 때처럼, 아이는 TV 장식장을 붙잡고 일어나 꽃게마냥 옆으로 걷기를 시도하던 중이었다. 누워만 있던 아기가 어느 순간 기어 다니기 시작하더니, 이젠 잡고 일어서서 이동하는 모습이 새삼 놀랍다.

엄마 미소를 장착하며 흐뭇하게 아이를 바라보고 있는데, 갑자기 아이의 엉덩이가 들썩! 한다. 엉덩이 뭐지? 방금 저 바운스는 뭐였지? 영상으로 남겨놓고 싶은 마음에 간절히 속으로 한 번만 더! 를 외쳤지만 아이는 나와 밀당하듯 더 보여주지 않았다.

다음 날 또 같은 자리에서 꽃게걸음을 하던 아이가 슬쩍슬쩍 엉덩이를 위아래로 흔든다. 하하 뭐야 진짜 귀엽네. 그때 남편이 신나는 음악을 틀었다. 코미디 프로에 나오는 노래라나. 그러자 사과마냥 동그란 엉덩이가 통통 튀기 시작했다. 그 모습을 보고 깔깔대다가 남편도, 나도 춤을 췄다. 아이는 커다란 몸을 흔드는 엄마, 아빠를 잠시 응시하다가 웃으며 몸을 흔든다. 오직 엉덩이만으로 신남을 표현할 수 있다니. 크 대단하다 너.

뇌에서 음악을 처리하는 과정은 극도로 복잡하다. 그렇다면 아이가 음악을 통해 리듬을 느끼고 움직임으로 연결하는 과정은 얼마나 복잡하고 놀라운 일인가. 인식하고 집중하고 감정을 느껴 반응하는 이 모든 과정이 아이의 엉덩이 바운스로 폭발하는 순간!

돌아보면 엄마가 불러주는 자장가를 듣고, 짝짜꿍을 따라 하고, 욕조에서 물을 찰박거리는 그 순간에도 리듬을 느끼고 있었을 텐데. 음악을 온몸으로 입은 채 움직이는 듯한 모습을 보며 많은 생각이 든다. 산다는 건 그런 거지. 느끼고, 즐기고, 표현해. 아주 마음껏!

첫 리듬_놀이1

리듬을 따라서 동동탁!

★ **발달 포인트** #청각발달 #소근육발달 #신체조절능력 #리듬감형성 #일상도구탐색

놀이 소개 아이가 음악을 들을 때 엉덩이를 들썩이거나 몸을 흔들며 리듬을 타나요? 그렇다면 다양한 리듬의 음악을 활용하여 아이와 함께 놀이해보세요. 아이는 리듬의 빠르기 외에 리듬의 강약도 자연스럽게 비교할 수 있어요. 주방 도구나 소꿉놀이 장난감과 같이 집에 있는 물건을 활용하여 자유롭게 두드려보며 신나는 리듬을 직접 표현해 보아요!

 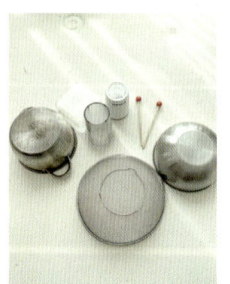 

준비물 빠르기가 다른 음악, 소꿉놀이 도구, 냄비나 보울 등 다양한 주방 도구, 막대 등

놀이 방법

1. 느린 음악을 들으며 리듬을 몸으로 표현해 보아요.

 "어? 이건 무슨 음악이지?"

 "아주 느-린 음악이 나오고 있어. 느리게~ 느리게~"

2. 빠른 음악을 들으며 리듬을 몸으로 표현해 보아요.

 "토끼처럼 폴짝폴짝해볼까?"

 "자동차처럼 슝- 빠르게 다다다다 달려볼까?"

3. 아이와 함께 다양한 물건을 두드려 보며 소리를 탐색해요.

 "여기 냄비가 있네? 두드려 볼까?"

 "어떤 소리가 나? 탁탁 소리가 나네!"

4. 느린 음악/ 빠른 음악을 번갈아 들으며 물건 두드리기 놀이해 보아요.

 "음악에 맞춰 두드려 볼까?"

 "빨리 두드려 볼까?"

5. 리듬의 강/약을 느끼며 물건을 두드려 보아요.

 "음악이 크게 들리면 세게 쳐볼까?"

 "둥둥둥! 코끼리가 걸어오는 것 같아~"

---

* 음악추천

일상 속에서 충분히 듣고 익숙해질 수 있도록 평소에 미리 틀어주세요.

느린 음악 : 사랑의 인사, 드뷔시 달빛

빠른 음악 : 왕벌의 비행, 쇼팽 에튀드 Op.10 No.04(추격)

빠르기가 변화하는 음악 : 동물의 사육제, 캐리비안의 해적(He's a Pirate)

놀이 플러스 ✛

- 느린 음악과 빠른 음악을 꼭 번갈아 듣지 않아도 괜찮아요. 아이가 몰입하고 좋아하는 음악이 있다면 충분히 느끼고 표현할 수 있도록 해주세요.
- 아이와 엄마에게 익숙한 동요를 빠르게, 느리게 변화시켜 불러보는 것도 좋아요. 아이의 반응에 따라 리듬을 변화시키며 재미있게 불러주세요.
- 일상의 물건들을 활용하여 다양한 악기를 만들어 보는 것도 재미있어요. 악기마다 다른 소리를 탐색해보고, 또 악기로 리듬을 만들어보며 음악과 더 친해질 수 있어요.

첫 리듬_놀이2

흔들흔들~ 댄스파티

★ **발달 포인트**　#대근육발달　#리듬감발달　#즐거운가족문화　#자기표현

놀이 소개　아이에게 음악을 느끼고 표현하는 것을 특별한 경험으로 만들어주세요! 우리 집 공간을 즐거운 댄스파티 장으로 변신시켜 아이와 함께 신나게 리듬과 움직임을 즐겨보세요. 구부러지는 야광봉을 더해보는 것은 어떨까요? 혹은 핸드폰 불빛만으로도 충분해요. 자, 이제 불을 끄고 음악에 맞춰 몸을 흔들며 신나는 우리 집 댄스파티를 열어 볼까요?

준비물 (구부러지는) 얇은 야광봉, 다양한 리듬(빠르기)의 음악, 파티용품 등

놀이 방법

1. 얇은 야광봉을 요리조리 살펴보아요.

    "이게 뭘까~? 색깔이 있네?"

    "이렇게 하면 구부러질까?"

2. 얇은 야광봉을 구부려 몸에 장착해 보아요.

    "우리 야광봉을 손목에 걸어볼까?"

    "코에도 걸어볼까?"

    "야광봉을 여러 개 연결해서 목에 걸어볼까?"

3. 야광이 잘 보이도록 불을 끄고 몸을 움직여 보아요.

    "흔들흔들 몸을 움직여 볼까?"

    "우리 몸을 따라서 예쁜 색이 흔들거리네?"

4. 다양한 음악의 리듬에 따라 신나게 춤을 춰 보아요.

    "우리 신나게 춤을 춰 볼까?"

    "음악이 빨라지네~ 야광봉도 빠르게 흔들어 보자!"

    "야광봉을 흔드니까 색깔도 따라 움직이네?"

놀이 플러스 ✚

- 불을 껐을 때, 아이가 위험하지 않도록 미리 주변을 치워 주면 더 안전하게 즐길 수 있어요.
- 음악의 리듬에 따라 몸을 흔들 때 보이는 야광봉의 색에 대해 언급해 주면, 리듬의 흔적을 시각적으로 탐색해 볼 수 있어요.
- 야광봉 외에 다양한 액세서리를 걸치는 등 파티 분위기를 더 내주면, 음악에 맞춰 몸을 신나게 움직이는 것을 즐거운 경험으로 인지할 수 있어요. 단, 세게 구부리면 야광봉이 터질 수 있으니 안전을 위해 야광봉의 상태를 수시로 확인해 주세요.

19 첫 끼적거림

스윽- 하고 그어지는 선.
움직임이 지나간 자리에 남은 작고 연한 첫 너의 흔적은,
엄마의 눈에 그 무엇보다 강렬한 선으로 남아있어.

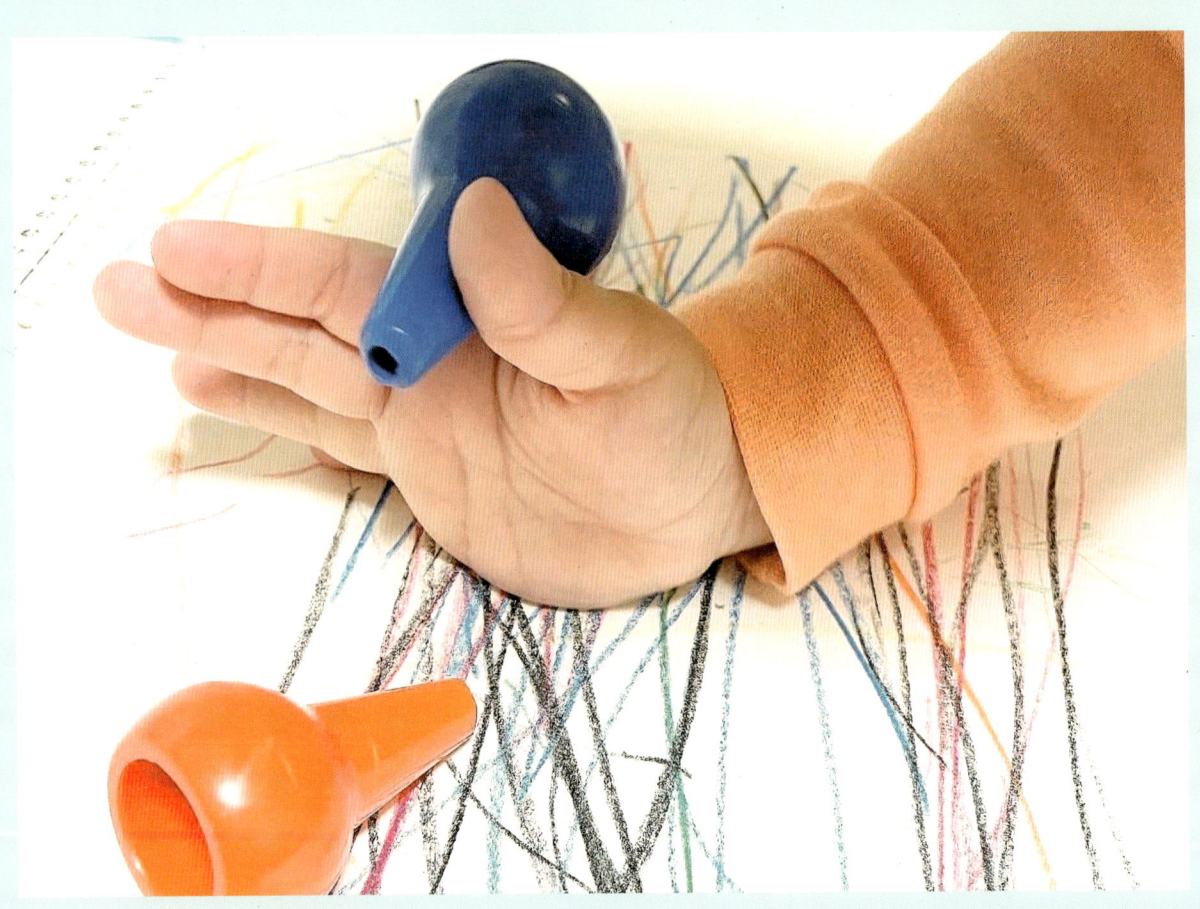

할 일이 많아 책상 앞에 앉아 바삐 글자를 적어 내려가던 날이었다. 아이는 곁에서 그 모습을 한참이나 유심히 바라보았다. 그러더니 손짓, 발짓하며 책상 위의 세계를 알고 싶다는 신호를 보냈다. 순간, 아이를 곁에 두고 집에서까지 일을 하는 내 모습이 자각되었다. 아차, 아이에게 미안한 마음이 들어 번쩍 안아 무릎 위에 앉혔다.

"우와~!"

요즘 아이가 할 줄 아는 최대한의 감탄. 심지어 먹을 것 하나 없는 책상을 보며 입맛을 다시기까지 한다. 두 손을 모으고 둘러보더니 엄마가 글자를 적던 노란색 연필을 집어 든다. 작은 손가락으로 가만가만 연필을 만지며 무슨 생각을 하고 있을까?

엄마의 행동을 흉내 내듯 야무지게 쥔 연필로 종이 위를 콩콩 찧기 시작한다. 아직 아무런 일도 일어나지 않았다. 그러다가 갑자기 주욱— 그었다. 이게 뭐지? 아이가 나를 바라보는 눈과 마주쳤다. 네가 남긴 첫 흔적에, 콩콩 찧던 연필 소리만큼이나 콩닥대는 마음이다. 무슨 말을 해 주어야 할까… 연필? 그림 그렸네? 고민하는 찰나 아이가 먼저 깔깔대며 웃는다.

사각사각, 슥슥, 직직, 콩콩. 아무것도 없던 하얀 종이 위에 움직임의 흔적이 남는다. 앞으로 마주하게 될 수많은 종이 위에 너의 생각과 마음을 담아 써 내려갈 이야기들, 그려갈 그림들이 기대된다. 물론 소파, 벽지, 바닥, 어디 하나 너의 흔적이 남겨지지 않는 곳이 없겠지만 말야.

첫 끼적거림_놀이1

어떤 종이에 그려볼까?

★ 발달 포인트 #소근육발달 #다양한질감경험 #예술활동즐기기 #스트레스해소 #자유롭게그리기

놀이 소개 아이가 손으로 그리기 도구를 집어 끼적이기 시작했다면, 여러 가지 종이를 만날 수 있도록 지원해 주세요. 질감이 다른 여러 가지 종이는 아이들의 촉각을 다양하게 자극해 줄 수 있고, 같은 그리기 도구라도 다른 흔적이 남는 경험을 할 수 있어요. 또한 작고 네모난 종이에서 벗어나 크고 긴 종이를 만난다면 아이들이 끼적이는 자세와 선의 표현도 달라진답니다. 직접 탐색한 종이 위에 끼적이기 놀이를 이어가며 자기표현 욕구를 자유롭게 드러내고 그리기 도구를 사용하는 소근육 발달도 함께 길러 보아요.

 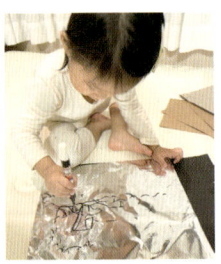 

준비물 도화지, 골판지, 박스, 전단지, 종이호일, 쿠킹호일, 한지 등의 다양한 종이 (여러 가지 크기와 길이로 제공), 그리기 도구 (크레파스/색연필/매직/네임펜/마카 등)

놀이 방법

1. 다양한 색과 질감의 종이를 만지며 탐색해 보아요.

    "어떤 종이를 만져보고 싶어?"

    "(OO종이를 만지며) 와~ 부들부들하고 흔들흔들하네~"

    "(OO종이를 흔들어보며) 이 종이는 어때? 사삭 소리가 나네?"

2. 원하는 색과 질감의 종이에 끼적이기 놀이해보아요.

    "이 종이 위에 그려볼까~?"

    "선이 지렁이처럼 꿈틀꿈틀 지나가네?"

3. 커다란 종이를 자유롭게 탐색하고 끼적여 보아요.

    "우와~ 엄청 커다란 종이도 있어!"

    "여기 앉아볼까? 몸에 둘러보는 건 어떨까?"

    "이 종이 위에 그림을 그려보자! 뱀처럼 긴~ 선이 생겼네?"

4. 아이와 함께 커다란(긴) 종이를 들고 벽이나 바닥에 붙인 뒤 끼적여 보아요.

    "커다란 종이를 벽에 붙여볼까?"

    "이 앞에 앉아서 그림을 그려 보자~ 슉~ 하고 그어볼까?"

놀이 플러스

- 종이를 탐색할 때, 아이가 주도적으로 탐색하며 느낄 수 있도록 해주세요. 이때 아이가 적극적으로 만지는 종이의 느낌을 다양한 언어로 이야기해 주면 좋아요.

- 다양한 종이에 끼적여 보는 경험도 좋지만, 아이가 끼적이는 행위 자체를 즐길 수 있도록 해주는 것이 중요해요. 하나의 종이에 오래 머무르더라도 조급해하지 말고 기다려 주세요.

- 종이는 그램(g) 수에 따라 두께가 달라집니다. 너무 얇은 종이보다는 적당한 두께가 있는 종이가 놀이하기에 더 유용해요. 특히 전지와 같은 큰 종이는 얇으면 찢어지기 쉬우니 그램 수를 확인하여 준비하는 것을 추천합니다.

- 다 그린 큰 종이는 벽에 그대로 게시해도 좋고, 천장에 달아 주어도 멋스러운 작품이 된답니다.

일상에서 쉽게 접할 수 있는 종이들

1. 박스

여러 가지 크기의 박스는 다양한 모습의 캔버스가 될 수 있어요. 그 자체로 입체그림 공간이 되고, 잘라내면 도톰한 두께를 가지고 있어 그림그릴 때 폭신한 느낌을 주기도 해요. 박스를 한 겹 벗겨낸 뒤 나오는 오돌토돌한 부분은 또 다른 재미를 준답니다.

2. 신문지

가볍고 얇은 신문지는 아이의 힘으로도 쉽게 변형이 가능해요. 펼치면 커다란 신문지를 구기고, 찢고, 뭉치고, 날리고, 물에 담구는 등 다채로운 놀이의 방향으로 이어갈 수 있어요.

* 시판용 갱지나 재생지와 비슷해요.

3. 제품포장지

3-1) 제품포장용 습자지는 한 손으로도 잘 구겨질만큼 부드러우며 뭉쳤을 때 포근한 느낌을 줘요. 바스락 거리는 소리를 들으며 찢기놀이를 해도 즐거워요. (비슷한 유산지는 잘 찢어지지 않아 쥐고 흔들거나 그림그리기 좋아요.)

3-2) 종이포장 완충재인 에코포장지는 종이가 얼기설기 얽혀있어 쭈욱 늘어날 수 있어요. 있는 그대로 부피를 느끼며 촉감놀이해도 좋고, 원하는 만큼 펼쳐서 늘어난 모습은 꾸미기 재료로 활용할 수도 있어요.

4. 종이호일

종이호일은 구겼을 때 나타나는 선이 선명하고, 가까이 대었을 때 반대편이 투명하게 보이는 효과가 있어요. 맨발로 종이호일을 밟거나 손으로 두드려보는 등 몸으로 탐색해도 좋고, 원하는 그림이 있을 때 종이호일을 대고 그리면 쉽게 따라 그릴 수 있어요.

* 시판용 트레싱지와 비슷해요.

5. 잡지 및 전단지

매끈한 재질에 다양한 컬러가 인쇄된 잡지나 전단지는 그 자체로 아이이게 다채로운 시각적 효과를 주어요. 맨들 맨들 한 감각을 느끼며 얼굴이나 손에 비벼보거나, 접기 놀이로 연결해도 좋아요. 또 안에 있는 사진과 그림을 오려서 콜라주 놀이에 활용해도 재미있어요.

아이가 접해보면 좋은 종이들

1. OHP필름지

투명하고 얇으며 쉽게 구겨지지만 탄성이 있어요. 네임펜이나 매직으로 부드럽게 그림을 그릴 수도 있고, 원하는 그림을 인쇄할 수도 있어요. 그림을 그린 필름지나 구긴 필름지에 빛을 비추면 다채로운 반사상을 볼 수 있어요. 또한 원통 모양으로 말아서 여러 가지 놀이에 활용할 수도 있어요.

2. 크라프트지(소포지)

표면이 비교적 깔깔한 느낌이며 흙색, 황토색 계열의 색상으로 빛바랜 느낌을 주어요. 단순한 선을 그어도 흰 종이에 그림을 그릴 때 보다 채워진 느낌이 들며, 같은 색을 칠해도 감성적인 느낌이 더해져요. 아이와 심미적인 아름다움을 느끼는 표현놀이를 자연스럽게 이어가기 좋아요.

3. 한지

닥나무로 만든 종이이며, 닥종이라고도 불려요. 만들어진 과정에 따라 결이 다르게 느껴지고, 종이 심이 군데군데 실처럼 보이기도 해요. 가벼워서 입으로 불면 잘 날아가며, 일정하게 찢어지지 않는 특성이 있어서 자유롭게 찢으며 놀이하기 좋아요. 물이나 풀로 붙일 때 얹어지는 느낌보다는 스며드는 느낌이 있어요.

4. 골판지

종이의 한 면이나 두 장의 면 사이가 물결 모양으로 골이 져 있어 일반 종이보다 단단하고 두툼해요. 큰 골판지를 잘라서 붙여 놀이해도 좋고, 띠 골판지를 말아서 놀이해도 좋아요. 아이가 골판지에 그림을 그리면 매끈한 종이에 그림을 그릴 때와는 다른 이야기들을 펼쳐나가기도 해요.

5. 홀로그램지

움직임과 빛, 조명, 보는 각도에 따라 신비로운 색감이 아름답게 느껴져요. 있는 그대로 혹은 다양한 모양으로 잘라 빛에 반사하며 다채로운 반사상을 관찰해도 좋아요. 구성하거나 만드는 놀이 재료로 활용하는 그 자체로도 아이의 흥미를 불러일으킬 수 있어요.

* 레인보우지 혹은 오로라지라고도 불려요.

5. 주름지

종이 자체에 자글자글한 주름이 져 있는 얇은 종이에요. 양 쪽을 잡아 늘이면 주름이 펴지면서 종이가 늘어나기도 해요. 종이를 뭉쳐서 표현해 보아도 좋고, 잘라 늘려보며 놀이해도 좋아요. 긴 띠 모양의 주름지는 파티스트리머라는 이름으로 불리며 몸에 둘러보거나 벽면을 꾸며볼 수도 있어요.

첫 끼적거림_놀이2

어라 물그림이 사라지네?

★ **발달 포인트** #표현능력발달 #호기심 #과학적경험 #눈과손의협응 #물질의변화

놀이 소개 끼적이기를 즐기는 아이에게 다양한 공간에서의 특별한 그리기 경험을 선물해 주세요. 햇살이 좋은 날 물과 얼음을 들고 나가 붓으로 바닥에 그림을 그릴 수 있어요. 물이 증발해서 그림이 사라지면 아이는 신기한 과학적 경험을 하고, 흔적이 남지 않아 더 편하게 자유로운 도전과 자기표현을 이어갈 수 있습니다. 세상을 캔버스 삼아 그림을 그려 보아요.

준비물 (5호 이상의) 붓, 물, 물을 담을 그릇, 얼음

놀이 방법

1. 붓과 물을 담은 그릇을 들고 바깥으로 나가요.

   "우리 물에 손을 넣어볼까?"

   "손끝에 물을 묻혀 바닥에 뿌려보자."

2. 붓에 물을 묻혀 아스팔트 바닥에 마음껏 그림을 그려요.

   "주욱, 엄마가 바닥에 붓으로 그림을 그렸네?"

   "마음껏 그려 볼까?"

3. 사라진 그림에 관해 이야기해요.

   "어라? 우리가 아까 그린 그림이 어디 있지?"

   "물이 말라서 사라져버렸구나!"

4. 자연물을 벗 삼아 물그림을 그려보아요.

   "그림 위에 나뭇잎을 놓았더니 바다 속에 둥둥 떠다니는 배 같아!"

   "나뭇가지/나뭇잎에 물을 묻혀서 그려볼까?"

5. (여름에는 얼음을 준비해요) 얼음을 쥐고 그림을 그려요.

   "얼음이 점점 작아지네."

   "얼음으로 바닥에 그림을 그려 보자."

놀이 플러스 +

- 돌바닥 위에 그리면 그림이 더 잘 드러나고, 잘 말라 재미있습니다.
- 물이 증발하는 현상을 설명하기보다는, 아이와 눈 맞추며 자유롭게 표현하는 데 집중해요.
- 붓에 막대기를 붙여 길게 만들면 그림 그리는 범위가 커져 더 다양한 표현을 끌어내기도 합니다.
- 조그만 약병이나 생수통을 활용하여 물그림을 그릴 수도 있어요.

첫 심부름

언젠가 너의 시간 속에서 바쁘게 살며 엄마의 심부름을 귀찮아하는 날이 오겠지?
하지만 엄마는 요렇게 사랑스러운 소통을 시작하던 너의 모습을
오래오래 잊지 못할 것만 같아.

"아가야~ 기저귀 어디 있어?"

기저귀 어디 있냐는 물음에 서랍에서 꺼내 오는 아이를 보며, 너무나 신기해 몇 번을 더 물어봤는지 모르겠다. 요즘 부쩍 말귀를 알아듣는 것 같다는 생각은 했으나, 막상 이렇게 행동으로 보여주니까 신기함을 넘어서서 감동이 밀려온다. 남들은 그게 뭐? 하겠지만, 기저귀를 가져다주는 그 조그마한 행동 하나에 주책맞은 초보 엄마는 눈물이 핑 돈다.

며칠 지나지 않아, 아이는 자신의 돌돌 말린 기저귀를 스스로 버리기 시작했다. 다 쓴 기저귀를 버리는 것에 대해 언급한 적도 없는데, 어른의 행동을 보며 자연스레 하고 싶어 했다. 이런 아이의 행동을 '심부름'이라는 이름보다는 '사랑스러운 소통의 시작'이라 부르고 싶은 몽글몽글한 마음.

기저귀를 시작으로 머리핀, 양말, 바지, 잠바, 토끼, 멍멍 등 아이가 알아들을 수 있는 단어의 물건을 가져올 수 있게 되었다. 억지로 시키고 싶지는 않았지만 총총거리며 물건을 가져오는 사랑스러운 모습이 계속 보고 싶어서, 최대한 부드러운 어투로 "가져다줄래?" 하고 자꾸만 물어보게 되었다. 가져다주면 "고맙습니다" 혹은 "고마워" 하고 다정하게 말해주는 것도 잊지 않았다.

그러던 어느 날, 빨래를 마치고 반듯하게 갠 수건을 정리하려 화장실에 갔는데 거실 쪽에서 바쁜 움직임의 소리가 들렸다. 아이는 환한 모습으로 양손에 들고 있던 수건을 내밀었다. 비록 반듯하게 개어 놓은 모습은 아니었지만, 엄마에게 가져다주고 싶은 예쁜 마음이 수건을 통해 전해졌다. 언젠가 너의 시간 속에서 바쁘게 살며 엄마의 심부름을 귀찮아하는 날이 오겠지? 하지만 엄마는 요렇게 사랑스러운 소통을 시작하던 너의 모습을 오래오래 잊지 못할 것만 같아.

첫 심부름_놀이1

미션! 첫 장보기

★ 발달 포인트   #지시수행능력발달 #언어이해 #성취감 #기억력 #물건인지

놀이 소개 아이가 간단한 심부름을 해낼 수 있다면 장보기 미션을 함께 해주세요. 물건의 모습과 이름을 기억하여 스스로 물건을 찾아보는 경험은 아이의 듣기능력과 이해력을 향상시켜줍니다. 또 내가 해냈다는 성취감과 함께 아이는 일상에서 한 뼘 더 자라납니다. 함께 장을 보고 돌아와 냉장고에 분류까지 해본다면 더 좋은 경험이 되겠지요?

준비물 작은 장바구니(작은 가방 가능), 장 볼 물건 그림 카드(간단하게 그려도 좋아요.)

놀이 방법

1. 아이와 함께 장 볼 음식 재료를 이야기 나누어 보아요.

    ∗ 그림이 그려진 카드를 활용하여 마트에 가서 살 물건을 살펴보아요.

    "여기에 어떤 그림이 그려져 있지? 동그랗고 빨간 사과가 그려져 있네?"

    "길쭉이 위에 노란색이 동글동글 매달린 콩나물이다!"

2. 아이와 함께 그림 카드를 들고 마트에 가요.

    "이제 바구니를 들고 장을 보러 마트에 가 볼까?"

    "(그림 카드를 보며) 여기 있는 콩나물이랑, 두부, 버섯도 찾아보자!"

3. 아이가 직접 그림 카드에 있는 음식을 찾아볼 수 있도록 해요.

    "(그림 카드를 보며) 우리 이걸 찾아볼까? 콩나물은 어디 있지?"

    "좋아하는 과자도 바구니에 담아볼까?"

4. 아이가 고른 음식을 구입한 후 집으로 돌아와 냉장고에 정리해 보아요.

    "우유를 넣어볼까? 콩나물은 어디에 넣으면 좋을까?"

    "우리가 사 온 것들로 맛있는 요리를 해서 냠냠 먹어보자!"

놀이 플러스 +

- 한꺼번에 그림 카드를 제시하면 헷갈릴 수 있으니, 한 장씩 쥐어주며 찾을 수 있도록 해 주세요.
- 장 본 것을 정리할 때 아이가 냉장고 속에 물건이나 재료를 쉽게 넣을 수 있도록 사전에 아래쪽 칸을 미리 비워 두면 좋아요.
- 평소에 집에서도 장바구니를 활용하여 자신의 물건을 담아 이동하고 정리하는 놀이가 자연스레 이루어진다면 스스로 정리하는 습관을 길러줄 수 있어요.

| 첫 심부름_놀이2 | # 주세요~ 감사합니다~ |

★ **발달 포인트** #언어발달 #상호작용능력향상 #사회적관계형성 #역할놀이 #상황인지

놀이 소개 아이가 물건을 받을 때, "주세요~", "감사합니다~"와 같은 언어적 표현에 반응하기 시작할 때, 상자를 소통의 창구로 활용하여 물건을 주고받는 놀이를 즐겁게 할 수 있어요. 여러 가지 물건들을 주고받으며 아이는 물건 이름을 인지할 수 있게 되어요. 또한, 아이가 놀이를 통해 자연스럽게 "주세요~"와 "감사합니다~"와 같은 일상 언어표현을 익혀볼 수 있어요. 더불어서 일상에서 만날 수 있는 대화의 흐름을 익히며, 자연스럽게 사회적 의사소통 능력을 길러나갈 수 있답니다.

준비물 상자, 칼, 꾸미기 재료, 음식 모형이나 장난감 등의 작은 물건

놀이 방법

1. "주세요~ 감사합니다~" 놀이를 해보아요.

    "장난감 자동차 주세요~ / 감사합니다~"

    "무엇을 줄까요?"

2. 중앙에 네모를 뚫은 상자를 놓고 아이와 교감하는 시간을 가져 보아요.

    "우와~ 여기로 얼굴이 보이네?"

    "이 상자 속으로 손을 내밀어 볼까?"

3. 창구 사이로 아이에게 물건을 전달해요.

    "네가 놀이하고 싶은 장난감을 가지고 와 볼래?"

    "어? 여기로 장난감 자동차가 쏘옥~지나갔네?"

4. 아이와 함께 창구 사이로 물건을 주고받는 역할 놀이를 해 보아요.

    "아이 목말라~ 컵에 물 주세요."

    "와! 엄마에게 컵이 왔네~? 꿀꺽꿀꺽, 감사합니다~!"

    "안녕하세요~! 어떤 거 드릴까요~?"

놀이 플러스

- "주세요~", "감사합니다~"의 언어를 너무 강요하면 오히려 '놀이'의 즐거움을 놓칠 수 있어요. 이 시기 아이들은 언어 표현력의 정도가 다양하기 때문에, 아이의 상황에 맞게 조절해 주세요.

- 부모의 모습을 보고 언어 모방을 하는 시기이기 때문에, 평소 부모님들이 서로 고맙습니다. 주실 수 있으세요? 줄 수 있어요? 등 권유형의 표현을 아이에게 노출해 주면 좋아요.

- 아이의 개월 수에 따라 '요리해서 음식 전달하기 놀이', '가게 놀이' 등으로 확장해요. 이 때, 집에 있는 음식 모형 사진을 찍어서 메뉴판을 만들어 주어도 좋아요.

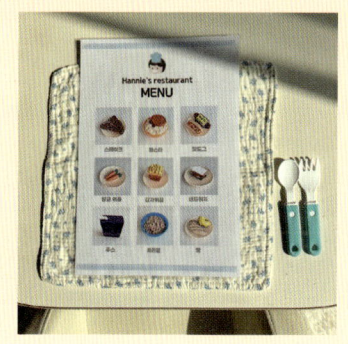

21 첫 숨바꼭질

두 눈을 가리고 소파 옆에 숨는 아이.
삐죽 튀어나온 발과 미처 숨지 못한 엉덩이를 보니
입가에 머물렀던 나의 웃음도 숨지 못하고 흘러나온다.

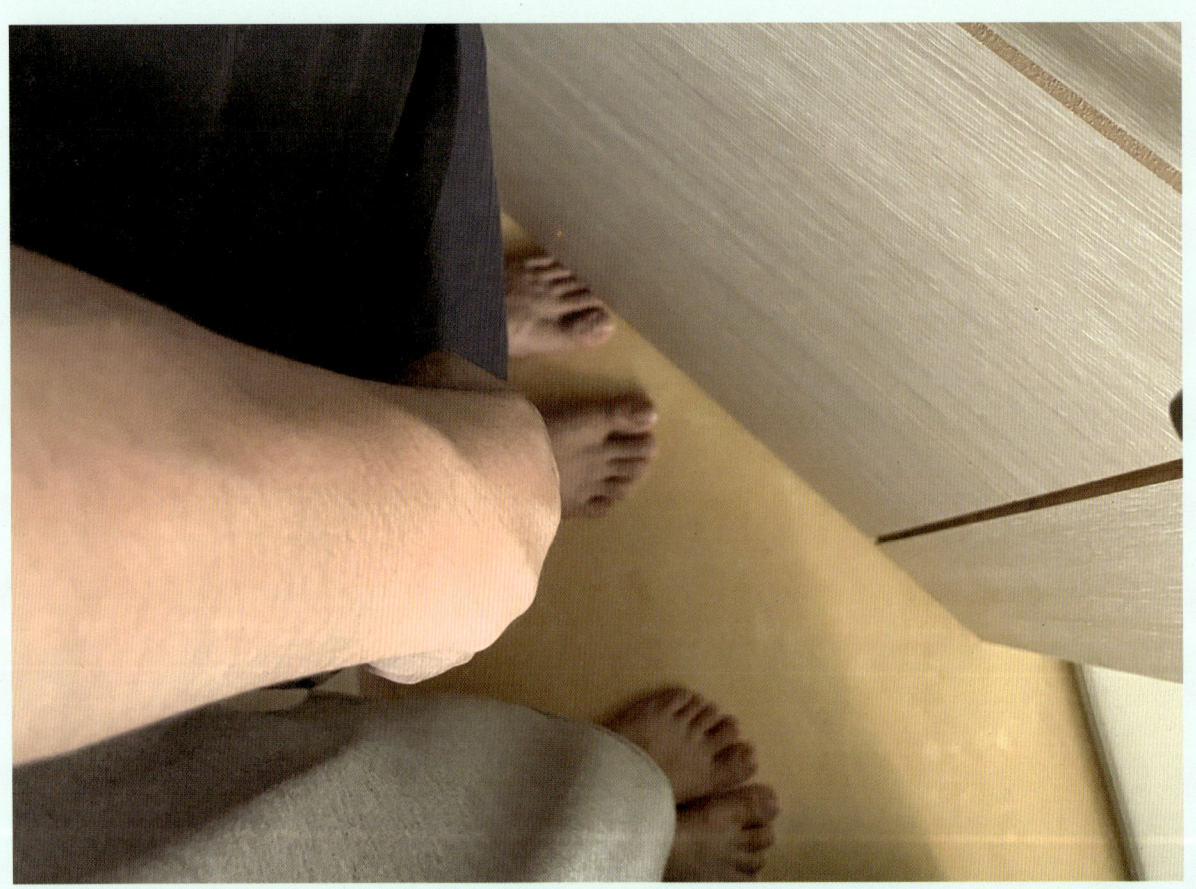

까꿍! 하면 꺄르르~ 하고 아빠 무릎 위에서 온몸을 흔들며 웃던 모습이 불과 몇 개월 전이다. 짧고 오동통하던 다리는 어느새 두 발로 땅을 디디고 활보할 수 있을 만큼 자라났다. 음마, 아빠 하며 곧잘 따라다니기도 한다.

여느 때와 다를 바 없던 평화로운 주말 오후, 설거지를 마치고 오니 아이가 거실에서 블록에 한껏 몰입하고 있었다. 가만히 그 모습을 지켜보다가 남편과 눈이 마주쳐 미소 짓던 그 순간 무언의 눈빛 교환이 일어났다. 스멀스멀 올라가는 입꼬리…. '숨자!' 라는 조용한 외침에 누가 먼저랄 것도 없이 근처에 있던 방문 뒤에 들어가 숨었다.

'숨어 박혀 있다.' 는 숨바꼭질의 뜻에 충실하게, 숨을 죽이고 좁은 문 뒤에 온몸을 욱여넣고 있었다. 두근두근, 아이는 과연 우리의 부재를 알아챌 수 있을까? 걱정 반, 궁금한 마음 반이다. 키득키득 소리 내려는 남편을 슬쩍 꼬집었다. 1초가 마치 1분처럼 흘러가는 듯한 숨 막히는 긴장감.

드디어 이상한 낌새를 눈치챈 아이가 엄마와 아빠를 찾기 시작했다. 차렷 자세로 벽에 딱 붙어 있으니 일곱 살 어린 시절로 돌아간 것 같다. 얼른 발견해 주길 바라는 마음과 조금은 헤매다 왔으면 하는 마음이 부딪히는 아이러니한 상황. 결국 찾는 데 너무 오래 걸린다 싶어서 아이의 이름을 불렀다. 발걸음이 빨라지는 소리가 들린다. 우리가 숨어있는 공간으로 점점 가까워지는 발소리. 타다다닷. 앗, 근처에 왔다. 셋, 둘, 하나, 까꿍!!! 찾았다!

아이는 그제야 함박웃음을 짓는다. 너도 조금은 긴장했던 걸까? 아니면 지금의 웃음만큼 즐거웠던 걸까? 아이를 꼭 끌어안고 만남과 안도의 기쁨을 만끽하려던 순간, 들려오는 작은 목소리!

"또오~"

| 첫 숨바꼭질_놀이1 | # 우산 속에 쏘옥~ 숨어라! |

★ **발달 포인트** #조망수용능력 #공간지각능력발달 #애착형성 #분리불안완화 #호기심

놀이 소개 머리만 쏘옥 숨기거나 눈만 꼬옥 가리고는 자신이 보이지 않을거라 생각하는 귀여운 아이들의 모습. 숨바꼭질을 처음 하기 시작한 아이에게서 볼 수 있는 사랑스런 모습이지요. 이 시기 아이들은 숨바꼭질을 통해 공간에 대한 인지를 높이고 상대방의 입장에서 바라볼 수 있는 조망수용 능력을 기를 수 있답니다. 집에 있는 우산을 활용하여 색다른 숨바꼭질을 해보세요. 우산으로 만드는 공간과 그 공간 속에 숨어 보는 경험은 아이에게 특별한 즐거움을 줄 수 있어요.

🟣 **준비물** 끝이 안전하게 처리된 장우산 4개 (투명 우산이 하나 정도 들어가면 좋아요)

🟣 **놀이 방법**

1. 아이와 함께 우산을 자유롭게 탐색해 보아요.

   "여기에 있는 게 뭘까?" "우산이야, 비가 오면 비를 막아줘."

   "우산은 길쭉하고 맨질맨질하네? 이 안에 무엇이 있을까?"

   "팡! 하고 펼쳐졌네? 엄청 크다~"

2. 우산 하나를 펴고 그 속에 몸을 숨겨 보아요.

   "우산 속에 들어가서 앉아볼까?"

   "이렇게 하니 안 보이네? 엄마가/우리 아기가 어디 있지?"

3. 우산을 여러 개 펼쳐서 모아두고 그 속에 숨어 보아요.

   "우산을 여러 개 펼치고 쏘옥 들어가보자!"

   "어디에 숨었지? (우산 하나를 치우며) 여기에 있나?"

4. 엄마가 빙글빙글 우산 주위를 돌며 숨바꼭질 놀이를 해요.

   "자~ 이제 엄마가 찾으러 간다? 꼭꼭 숨었지?"

   "(발걸음 소리나 손뼉 소리를 내며) 어디 어디 있을까?"

   "(위, 아래쪽으로 고개를 내밀며) 앗! 발이 보이네? 머리가 보이네?"

   "여기 있네! 까꿍!!"

조망 수용 능력이란? 타인의 입장에 놓인 자신을 상상하며, 상대방의 의도나 태도 또는 감정, 욕구를 추론하는 능력입니다.

놀이 플러스 ✛

- 우산을 펼치고 숨을 수 있는 충분한 공간을 마련한 뒤 놀이하는 것이 안전해요.
- 처음에는 하나의 우산 속에 숨으며 탐색해 보았다가, 점차 개수를 늘려가며 놀이의 난이도를 높여 갈 수 있어요.
- 숨은 후 다시 나타난다는 것을 꼭 보여주고, 만나면 크게 기뻐해 주세요. 보이지 않으면 사라지는 것이 아니라 다시 만날 수 있음을 알아갈 수 있어요.

첫 숨바꼭질_놀이2

반짝반짝 호일 속에 무엇이 들었을까?

★ **발달 포인트** #소근육발달 #상상력 #감각기관활용 #예측하기 #물질탐색

놀이 소개 반짝이는 알루미늄 호일을 활용하여 물건 숨바꼭질 놀이를 해볼까요? 호일은 작은 힘으로도 쉽게 구겨지고, 쥐는 손의 모습에 따라 다채로운 모양으로 변신할 수 있어 아이의 호기심과 상상력을 자극해 준답니다. 알루미늄 호일로 감싼 물건들을 오감으로 탐색하며 예측하고 발견하는 과학적 탐구 능력과 함께, 깜짝 선물을 찾아낸 것만 같은 '발견'의 기쁨을 느낄 수 있도록 해주세요.

준비물 알루미늄 호일, 작은 장난감이나 물건

놀이 방법

1. 알루미늄 호일을 만지며 다양하게 놀이해 보아요.

    "이게 뭘까~? 반짝반짝 빛이 나네?"

    "바사삭 소리가 나네?"

    "어? 공 모양이 되었네? 더 눌러 볼까?"

2. 이번에는 알루미늄 호일에 작은 장난감 하나를 얹어 놀이해 보아요.

    "장난감 자동차가 나타났네?"

    "호일을 쿡 찍어볼까?"

    "호일로 꽁꽁 감싸볼까?"

3. 미리 알루미늄 호일 속에 숨겨 두었던 물건들을 하나씩 찾아보아요.

    "어? 뭐가 있지? 울퉁불퉁 만져지네?"

    "동글동글하네? 어떤 냄새가 나지?"

    "호일을 조금씩 벗겨볼까? 앗! 장난감을 찾았다!"

4. 아이가 직접 알루미늄 호일 속에 장난감을 숨기고 찾아보아요.

    "장난감을 여기에 숨겨볼까? 어디 넣어볼까?"

    "이것으로 감싸니까 안 보이네? 이 안에는 뭐가 있을까~?"

놀이 플러스

- 알루미늄 호일을 충분히 탐색할 수 있는 시간을 주세요. 꼭 숨바꼭질 놀이가 아니어도 아이에게 충분히 오감 놀이 시간이 될 수 있답니다.
- 처음 알루미늄 호일에 숨기고 찾을 때는, 아이가 쉽게 벗겨 찾을 수 있도록 한 겹으로 얇게 감싸 주세요. 이때, 숨긴 장난감이 약간 보이도록 숨기는 것도 좋아요.
- 벗겨낸 알루미늄 호일을 모아 공처럼 만들어 던지며 놀이하거나, 호일에 매직으로 색을 칠하면 반짝반짝 또 다른 표현놀이로 이어 갈 수 있어요.

22 첫 그림자놀이

작은 몸을 재빨리 일으켜 벽으로 달려가 손을 뻗었다.
가까이 다가오는 듯 멀어지고, 흔들거리지만 잡히지 않고,
그러다 휙 사라져버리는 그것에 닿기 위해 연신 몸을 움직였다.

"자, 이제 코~자야지."

저녁 여덟 시, 온기와 향을 한껏 머금은 목욕을 마친 아이와 포근한 침대 위에 나란히 누웠다. 작은 스탠드 하나만 켜 두고, 조곤조곤 말을 걸며 다정한 눈빛을 건넨다. 그 순간, 아이의 시선이 무언가에 고정되며 두 눈이 커다랗게 변했다. 무얼 보고 놀란 걸까? 다급히 몸을 일으켜 아이의 시선이 멈춘 곳을 바라보았다. 그곳에는 '그림자'가 있었다.

"우와~ 우와!"

스탠드 불빛이 만들어낸 엄마의 커다란 손그림자를 처음 만난 아이는, 자신이 낼 수 있는 최대한의 감탄을 표현한다. 작은 몸을 재빨리 일으켜 벽으로 달려가 손을 뻗었다. 가까이 다가오는 듯 멀어지고, 흔들거리지만 잡히지 않고, 그러다 휙 사라져버리는 그것에 닿기 위해 연신 몸을 움직였다. 때로는 고개를 갸웃하며 멈춰 서기도 했다.

까-만 움직임. 처음 마주한 신비로운 현상 앞에서 무슨 생각을 했을까? 아무렴. 커다란 그림자가 자신을 삼키는 그 순간에도 꺄르르 웃는 너. 세상은 즐거운 곳임을 느끼게 해줄 경험이 하나 더 쌓였다.

두 빰이 사과처럼 발그레해지도록 그림자와 함께 뛰어놀던 아이가 잠든 후, 가만히 주위를 둘러보았다. 아이가 아니었다면 존재조차 잊었을 방안의 그림자들이 존재감을 뽐내듯 너울거렸다. 피식 웃으며 잠든 아이에게 속삭였다.

"네 덕분에 일상을 들여다보며 더 깊은 행복을 느끼게 돼. 고마워 정말."

| 첫 그림자놀이_놀이1 | # 신기한 그림자 놀이터 |

★ **발달 포인트** #과학적탐구능력발달 #빛과그림자인지 #신체조작능력발달 #관찰력 #언어표현

놀이 소개 처음 그림자에 관심을 갖기 시작한 아이라면, 간단한 불빛과 집안의 물건들을 활용하여 그림자놀이를 해 보아요. 아이는 빛 속에서 모습을 드러내는 검은 형체가 무엇의 그림자인지 찾아보며 유심히 관찰하고 탐구하는 과학적 탐구 능력을 길러갈 수 있어요. 또한, 매일 마주하던 물건이지만 그림자를 통해 새로운 관점으로 바라보며 여러 가지 이야기를 상상하고 즐거움을 느낄 수 있답니다.

준비물 핸드폰 라이트 또는 손전등, 물건을 올려놓을 판, 주방용품(냄비/채망 등), 뚫린 바구니, 휴지심, 동물 인형 모형이나 공 등의 장난감

놀이 방법

1. 손전등 또는 핸드폰의 불빛을 킨 뒤, 생겨나는 그림자를 만나 보아요.

    "우와~ 이게 뭘까?"

    "까만 그림자가 생겼네?"

2. 손과 몸을 다양하게 움직이며 그림자의 움직임을 관찰해 보아요.

    "어? 그림자가 움직이네? 손그림자가 어디로 가고 있나~?"

    "커다란 그림자가 생겼어! 커졌다가~ 작아졌다가~"

    "점점 가까이 와서… 앗! 사라졌네!"

3. 아이와 함께 집안 곳곳의 물건을 가지고 와서 빛을 비추고 그림자를 살펴 보아요.

    "바구니 위에 네가 좋아하는 사자 인형을 올려볼까?"

    "이 동그란 테이프는 어때?"

    "커다란 네모 안에 들어갔네!"

    "여기에 빛을 비춰 그림자를 만들어볼까?"

4. 물건들을 자유롭게 배치하고 빛을 비추며 떠오르는 이야기들을 나누어 보아요.

놀이 플러스

- 그림자와 관련된 스토리를 들려주면 아이가 그림자의 현상을 자연스럽게 관찰하고 더 몰입하며 놀이할 수 있어요.
- 그림자놀이를 할 때 아이와 함께 읽기 좋은 그림책을 추천합니다.

| 첫 그림자놀이_놀이2 | # 색색깔깔 빛을 만나요 |

발달 포인트 #상상력발달 #색채감수성 #재활용품놀이 #과학적탐색 #소근육발달

놀이 소개 그림자를 만들어 내는 빛이 색을 만난다면 어떤 모습이 펼쳐질까요? 주변에서 흔히 쓰고 버려지는 투명 플라스틱 뚜껑이나 투명 통을 활용하여 색색깔깔 빛 놀이를 해 볼 수 있어요. 평면이 아닌 입체적 물체에 끼적이며 자연스레 소근육 발달이 이루어질 수 있고, 빛을 통해 번져 나가는 아름다운 색 이미지들로 놀이하며 아이의 색채 감수성과 상상력을 길러줄 수 있답니다.

준비물 투명 플라스틱 뚜껑이나 투명 통(네모난 일회용 도시락 뚜껑도 좋아요), 매직, 네임펜, 핸드폰 플래시 혹은 손전등

놀이 방법

1. 투명 플라스틱 뚜껑이나 통을 자유롭게 탐색해 보아요.

    "동그란 통이 있네~? 굴려볼까?"

    "머리에 써 보니 모자처럼 보이네?"

    "여기로 보면 누가 보이나~? 엄마가 보이는구나!"

2. 투명 플라스틱 뚜껑이나 통에 빛을 비춰 그림자를 살펴보아요.

    "여기에 불빛을 비춰볼까?"

    "어? 그림자가 생겼네? 크게/작게 움직여 볼까?"

3. 투명 플라스틱 뚜껑이나 통에 매직으로 끄적거려 보아요.

    * 색으로 가득 채우지 않아도 좋아요. 하나, 둘 끄적인 선 또한 빛을 만나 멋진 형태로 비춰질 수 있어요.

    "이번에는 뚜껑에 그려보자! 어떤 색으로 하고 싶어?"

    "이 색으로 여기에 주욱 그어볼까? 마구 칠해볼까?"

4. 색이 입혀진 투명 플라스틱 뚜껑이나 통에 빛을 비춰 놀이해 보아요.

    "와~ 예쁜 색깔 옷을 입었네?"

    "여기에 불빛을 비춰볼까? 어떻게 보일까~?"

    "벽에 색이 나타났어! 천장에도 아름다운 색들이 보이네?"

놀이 플러스

- 플라스틱 끝에 손을 베이거나 다치지 않도록 사전에 상태를 점검하고 내어주어요.
- 투명한 통에 물을 담아 물감을 푼 뒤, 핸드폰 불빛에 비추면 선명하고 투명한 색깔을 만날 수 있어요. 색깔물 그림자가 흰 벽이나 천장에 물든 모습을 관찰할 수도 있답니다.

- 셀로판지를 활용하면 조금 더 선명한 색 그림자놀이로 변신할 수 있어요. 모양을 자른 종이컵이나 휴지 심에 셀로판지를 감싼 뒤 내어 주어도 좋아요.

23 첫 멋내기

모자를 쓰고, 스카프를 두르고, 목도리를 하고
자꾸만 자꾸만 거울로 달려간다.
너도 그렇게 하면 네가 더 예뻐보이는 걸 아는 거지?

한가로운 주말 오전 9시. 부스럭거리는 소리에 실눈을 뜨고 바라보니, 까치발을 하고 화장대 서랍을 뒤지는 조그만 그림자가 어슴푸레 보인다. 뭘 찾고 있는 걸까? 엄마는 아직 잠이 덜 깨서 자꾸만 하품이 나오는데.

"이거, 이거~!"

깜빡 잠이 들려던 찰나 아이의 목소리가 들린다. 조그만 손에 검은 가죽 시계가 들려 있다. 자신의 손목을 가리키며 여기다가 해 달라는 표현을 하는데, 해주지 않을 수 없는 귀여움이다.
손목에 채워진 시계를 보고 만족스러운 웃음을 짓더니, 다시 화장대 서랍으로 향한다. 이번에 선택한 것은 보석이 반짝이는 머리띠. 그런데 엄마에게 가져오지 않고 자신의 머리 위에 스스로 얹는다. 떨어지지 않도록 몇 번씩이나 매만지는 모습을 보고 있자니, 아이구 다 컸네~ 싶다.

그러다 갑자기 뭔가 생각난 듯, 방문 밖으로 나선다. 아이가 멈춰 선 곳은 전신거울 앞.

설마…, 너 지금 거울 보는… 거야?

그 이후로는 화장대 서랍장에 만족하지 못하고 자기 몸만 한 서랍장을 있는 힘껏 열기 시작했다. 따뜻한 봄에 전혀 어울리지 않는 한겨울 잠바, 신생아 때 쓰던 기저귀 가방, 엄마의 물방울무늬 스카프…. 이런 것들을 꼭 다 몸에 걸쳐야 성에 찬다. 그런 다음 거울에 가서 자신의 모습을 비춰 보며 입꼬리가 한껏 올라간 미소를 짓는 게 너의 루틴.

첫 멋내기_놀이1

세상에 하나뿐인 패션 가방

★ **발달 포인트**   #표현력발달 #자기인식 #자아존중감형성 #소유개념 #선택의즐거움

놀이 소개 아이가 혹시 엄마, 아빠의 옷을 두르며 치장하고 싶어 한다면, 놀이로 아이의 모방 욕구와 자기표현 욕구를 해소해 주세요. 커다란 가방이나 바구니에 평소 접하거나 입어보지 않았던 물건들을 담아두고 함께 탐색하며 걸쳐보는 거예요. 거울 앞에서 엄마, 아빠의 커다란 옷을 걸친 자신의 모습을 살펴보면 어떤 기분이 들까요? 꼭 원래 위치에 착용하지 않아도, 방법이 달라도 괜찮아요. 평소 만져보고 싶었던 물건들을 자유롭게 선택하며 즐거움을 느끼는 자기표현의 기회가 될 거예요.

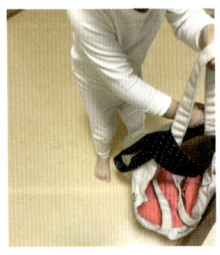  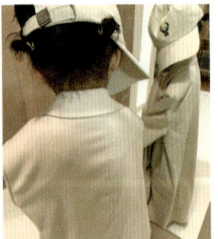

준비물 커다란 가방, 여러 가지 패션 아이템들 (엄마, 아빠 물건)

놀이 방법

1. 우리 가족 패션 아이템이 담겨있는 큰 가방을 살펴 보아요.

    "우와, 이 안에 어떤 것들이 있을까? 같이 꺼내 볼까?"

    "무엇이 있지~? 시계도 있고 모자도 있네?"

    "우리 이걸로 어떻게 해 볼까? 머리에 써 볼래?"

2. 큰 가방에서 꺼낸 패션 아이템을 거울 앞에서 착용해 보아요.

    "어떤 걸 써볼까?"

    "어떤 옷을 입어볼까?"

    "엄청 크다~ 또 무엇을 해 보고 싶어?"

3. 엄마, 아빠에게 패션 아이템을 둘러 주어요.

    "엄마에게 해 줄래?"

    "아빠에게 어떤 걸 씌워주고 싶어?"

    "우리 같이 거울을 볼까?"

4. 인형에게 패션 아이템을 착용시켜 주어요.

    "우리 토끼 인형에게도 입혀줄까?"

    "무엇을 해 주고 싶어~?"

> **놀이 플러스 +**
>
> - 원래 착용법과 다르더라도 스스로 선택하는 기쁨과 즐거움을 느낄 수 있게 해 주세요.
> - 엄마, 아빠도 함께 착용하며 그 순간의 즐거움을 공유해요.
> - 놀이 후 물건들을 아이와 함께 제자리에 놓아 볼까요? 정리의 개념보다 놀이로 느낄 수 있도록 해주세요.

첫 멋내기_놀이2

나만의 옷 꾸미기

★ **발달 포인트** #창의력발달 #소근육발달 #예술경험 #만족감 #일상용품의변신

놀이 소개 다양한 물건들을 활용해서 내 몸을 스스로 치장하기 시작한 아이와 함께 세상에 단 하나뿐인 나만의 옷을 입어보는 놀이를 할 수 있어요. 주변에서 흔히 볼 수 있지만, 한 번 쓰고 버려지기 쉬운 비닐이나 쇼핑백이 아이의 표현과 만나 훌륭한 의상이 될 수 있답니다. 완벽하거나 멋지지 않아도 괜찮아요. 일상의 물건들에 상상을 더해 입어보는 그 자체로 멋진 일이니까요.

 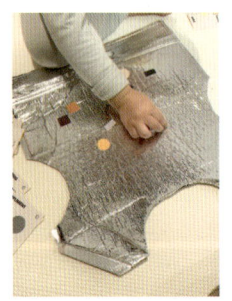 

준비물 보냉백, 쇼핑백, 그리기 도구, 표현재료(스티커, 색종이, 뽕뽕이 등), 양면테이프

놀이 방법

1. 비닐이나 보냉백을 만지며 탐색해 보아요.

    "얼굴이 보이네?"

    "바스락바스락, 사박사박 소리가 나네?"

    "만져볼까?"

2. 비닐/보냉백을 머리에 쓰거나 몸에 걸쳐 보아요.

    "한번 머리에 써 볼까?"

    "잘라서 길게 만들어 보자~"

    "몸에 둘러볼까? 반짝반짝하고 부들부들하네~"

3. 비닐/보냉백으로 자유롭게 꾸며 보아요.

    "우리 여기에 그림을 그려 볼까?"

    "어떤 색 스티커를 붙이고 싶어?"

    "동글동글 귀여운 뽕뽕이를 붙여볼까?"

4. 꾸며본 나만의 의상을 입어 보아요.

    "어떻게 입어볼까?"

    "우와 반짝반짝 물고기 같네~"

놀이 플러스

- 커다란 쇼핑백은 아이의 전신에 씌워질 수도 있어요. 직접 꾸민 것을 입어보는 즐거운 경험을 선물해 주세요.

- 재료를 쉽게 붙일 수 있도록 양면테이프를 준비해 주세요. 의상을 '꾸미는 놀이'에 더욱 몰입할 수 있어요.
- 작아지거나 안 쓰는 모자에 플레이콘(친환경적 재료이며 물로도 잘 붙어요)을 붙여 꾸며 보는 놀이도 함께할 수 있어요.

24 첫 어린이집

네가 어린이집에 간다니.

엄마와 아빠의 품을 떠나 한 발자국 나아가는 너를 응원하면서도

이렇게 작고 소중한 존재를 보내려니 밀려드는 걱정과 아쉬움.

이런 날이 오기는 오는구나. 어젯밤, 설레는 마음과 걱정에 괜스레 두근거려 잠이 오지 않았다. 일주일 전부터 하나, 둘 사 두었던 아이의 어린이집 물건들을 확인하고 또 확인했다. 사실 오늘은 적응하는 날이라 짐이 그다지 필요치 않았지만, 너의 첫 사회생활을 조금이라도 더 등원하고 싶었던 엄마의 마음.

조그만 가방을 메고, 총총걸음으로 집을 나선다. 짹짹, 장미, 구구, 나무…. 아는 단어를 연신 쫑알거리는 모습을 보니 아이도 기분이 좋은가 보다. 혹여 무슨 일 생기면 달려가겠다며 가까운 곳에 있는 어린이집을 택했더니 금세 도착했다. 커다란 어린이집 문 앞에 서서 안쪽을 두리번두리번 살펴보는 너.

교실 문틈 사이로 다른 아이들의 목소리가 들린다. 작은 한쪽 발을 교실 쪽으로 내딛더니 잠시 멈칫하는 아이. 너는 그 찰나에 무슨 생각을 했을까. 괜히 마음이 이상했다. 으엥— 하고 울려나? 아니면 뒤돌아 엄마에게 달려와 안길까? 그러던 어느 순간, 아이의 두 발이 교실 안으로 쏘옥 들어갔다.

용기를 냈구나. 대견하다. 아직은 긴장한 기색이 역력해 보이지만 엄마는 봤어. 새로운 만남을 마주하는 너의 반짝이는 눈빛! 엄마 품을 벗어나 친구들 사이에 자연스레 섞여 든 모습을 보니 웃음이 난다. 울어도 괜찮고, 엄마를 찾아도 괜찮아! 금방 달려갈게! 천천히 너의 속도로 세상에 나아가자.

| 첫 어린이집_놀이1 | # 어린이집과 친해지는 적응 놀이 |

★ **발달 포인트** #사회성발달 #상황인지능력 #물건인지능력 #자조능력향상

놀이 소개 처음 어린이집에 가기 전, 설레고도 긴장되는 마음을 담아 아이의 적응을 돕는 놀이를 해보세요. 어린이집 가방을 직접 메 보기도 하고, 신발을 신고 현관 앞에서 인사 나누어 보기도 해요. 내 가방과 신발, 물통 등의 물건을 미리 접해보고, 어린이집에서 일어날 수 있는 상황과 사람을 경험해 보며 '어린이집'에 대한 적응 능력 및 긍정적 인식이 길러질 수 있습니다. 이를 통해 스스로 자신의 물건을 챙기거나 행동하는 자조 능력이 함께 향상되어요.

준비물 어린이집 가방, 신발, 물통, 수저/포크 등의 준비물, 이름 스티커, 손 씻는 비누

놀이 방법

1. 어린이집 등원 일주일 전 어린이집 부근의 놀이터에서 놀아 보며 공간에 익숙해져요.

    ＊ 등원 시간과 비슷한 시간에 준비해서 가보는 것도 좋아요.

2. 등원하게 될 어린이집 선생님, 친구, 공간 익히기를 해 보아요

    ＊ 가능하다면 선생님께 부탁드려 친구 사진, 선생님 사진, 공간 사진을 인쇄본이나 온라인 소통창구로 미리 받아 볼 수 있어요.

3. 어린이집 가방과 물건을 함께 준비해 보아요.

    "우리 이제 어린이집에 가서 쓰게 될 물건들에 이름을 붙여줄까?"
    "숟가락이랑 포크는 어린이집에서 밥 먹을 때 쓰는 거야~"
    "이불이 있네? 어린이집에서 여기 누워서 코~ 잠자볼까?"
    "여기 가방에 예쁜 그림을 달아줄게, 친구들이랑 놀고 있으면 엄마가 금방 데리러 올 거라는 표시야~!"

    ＊ 13개월 이전의 아이라면 스티커 붙이기가 어려울 수도 있으니, 집에서 자신의 물건에 익숙해지도록 환경을 제공해 주세요.

4. 화장실에 서서 스스로 손 씻기를 해 보아요.

    ＊ 아이 키에 맞는 발판을 마련해 두는 것도 좋아요.

놀이 플러스 +

- 가방이나 신발 등을 아이가 좋아하는 것으로 선택할 수 있도록 하면, 착장을 하는 과정에서도 즐거운 기분이 들어요.
- 어린이집에서 활용하는 물통, 숟가락 외에 낮잠 이불 등 다른 물건도 미리 경험하면 등원 후 익숙하게 느낄 수 있어요.
- 어린이집에 적응하는 일은 아이에게도 엄마에게도 쉽지 않은 일이에요. 아이를 믿고 기다려주면 아이도 그 마음을 느끼며 더 편안하게 적응할 수 있어요.
- 어린이집에 가기 전 반복되는 아침 루틴을 그림카드로 제시해주면 아이가 지금 해야 할 일을 시각적으로 명확하게 인식할 수 있어요. 그림카드를 보며 아침에 해야 할 일을 자연스럽게 익힐 수 있도록 해주세요.

| 첫 어린이집_놀이2 | ## 우리 다시 만나!(약속 사인 만들기) |

★ **발달 포인트** #동작인지능력 #감정교류 #약속경험 #애착형성 #정서적안정감

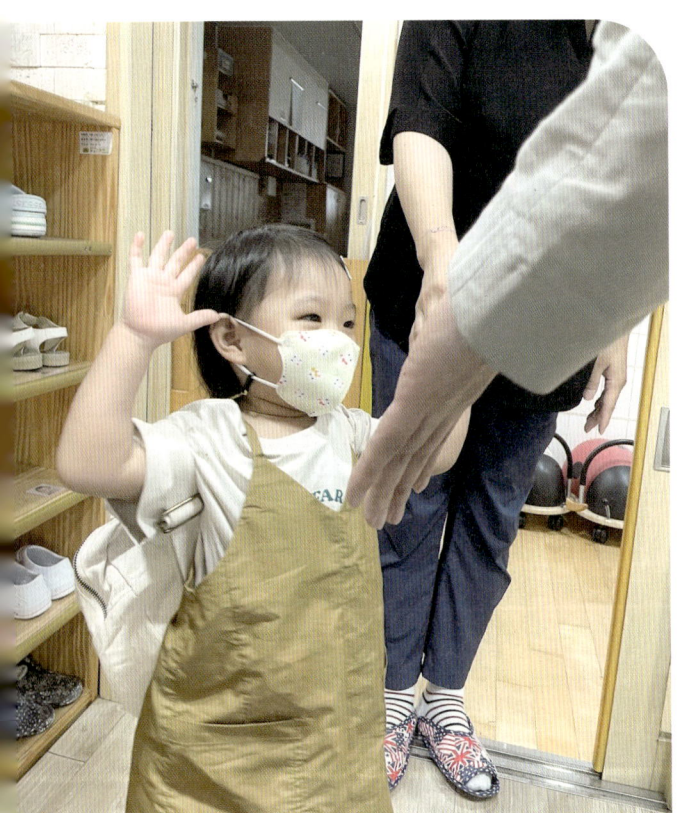

놀이 소개 엄마, 아빠의 품을 떠나 처음으로 사회생활을 시작하는 아이는 '불안함'을 느낄 수 있어요. 헤어짐을 불안해하는 아이와 함께 우리 가족만의 인사 사인을 만들어 보면 어떨까요? 어린이집이 끝난 후 우리는 다시 만날 수 있다는 약속의 마음을 담아 보는 거예요. 거창하지 않아도 좋아요. 평소 자주 쓰거나, 이해할 수 있는 간단한 동작을 통해 동작 인지 능력과 소통 능력을 기르고, 헤어짐의 순간에 '안정감'을 주는 사랑스러운 경험을 만들어 보면 어떨까요?

  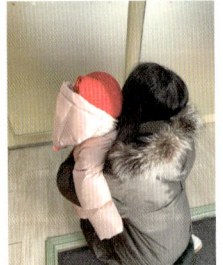

준비물 엄마, 아빠와 아이만의 약속 사인(관련 물건)

놀이 방법

1. 아이가 평소 좋아하는 여러 가지 행동을 함께해 보아요.

   "우리 같이 최고~ 해볼까?"

   "짠! 손바닥을 부딪쳐볼까?"

   "얼굴에 뽀뽀해 볼까?"

2. 가장 좋아하는 한 가지 행동을 다양한 방법으로 시도해 보아요.

   "짠! 하고 손바닥 부딪치게 또 해볼까?"

   "손가락을 부딪쳐 볼까?"

   "발바닥을 부딪칠까?"

3. 좋아하는 행동에 재미있는 말을 덧붙여 우리 가족 싸인을 만들어요.

   "손바닥을 부딪치며~ 짠!"

   "발로 부딪히며 아자!"

   * 사인 예시) 배를 부딪치며 빵! 하기, 총 쏘면 쓰러지기, 서로 귀에 대고 사랑해 속삭이기, 뽀뽀뽀 뽀뽀뽀와 같은 말 나누기

4. 어린이집 등·하원 시 엄마/아빠와 우리 가족 사인을 해 보아요.

   "우리 이따가 다시 만나! 짠!"

   "정말 우리 다시 만났네! 짠!"

놀이 플러스

- 어린이집에 가는 아이와 함께 읽기에 좋은 책을 소개합니다.(글을 다 읽지 않고 그림만 함께 보며 이야기 나누어도 좋아요.)

- 단순한 행동이지만, 아이에게는 '다시 만날 수 있음'을 암시하는 중요한 약속의 표시가 됩니다. 아이와 한 약속을 꼭 지켜주세요.

- 헤어질 때 하는 유쾌한 신호를 통해 아이가 헤어짐의 순간을 조금 더 담담하게 받아들일 수 있어요. 더불어 불안해했던 엄마의 마음도 조금 더 녹는답니다.

육퇴클럽

주도성이 높은 아이로 키우자!

> 뭐든지 내가, 내가 하겠다고 해서 힘들어요.
> 어떻게 우리 아이를 이해하면 좋을까요?

'내 꺼!', '내가!', '싫어!', '안 해!' 라고 외치며 스스로 뭔가를 해보려고 한다는 것은 아이의 자아가 자라고 있다는 뜻이에요. 실제로 아이는 더 넓은 세상을 만나게 되면서 수많은 시행착오를 겪어요. 그 과정을 통해 성취감, 주도성과 자율성이 길러지게 되는데, 엄마와 아빠가 지나치게 통제하거나 혼을 내면 수치심과 자신의 능력을 의심하는 마음을 갖게 됩니다. 자율성과 주도성을 발휘할 수 있는, 즉 스스로 뭔가를 할 수 있는 기회와 환경을 제공해주세요. 자율성은 곧 긍정적인 자아 발달과 성격 형성에 큰 영향을 미친답니다.

집에서 아이가 스스로 하며 주도성을 키울 수 있는 일은 어떤 것이 있을까요?

일상적인 삶에서 아이와 소소하게 함께 할 수 있는 것들을 찾아보세요. 엄마가 식사를 준비할 때 아이에게 수저를 놓게 한다거나 엄마가 청소할 때 아이에게 손수건이나 먼지 제거용 돌돌이로 주변을 닦아보게 해도 좋아요. 무엇이든지 다 하려는 아이에게 할 수 있는 선택의 기회를 주세요! 자신이 할 수 있는 과제를 스스로 선택하고, 그 안에서 자유롭게 시도해 보며 누릴 수 있도록 해주세요.

돌돌이로 매트 청소하기

무선청소기로 바닥 청소하기

스스로 자기 신발 신기

스스로 자기 가방 챙기기

육퇴클럽

> 아이가 스스로 할 수 있는 환경은 어떻게 구성하는 걸까요?

아이가 스스로 할 수 있는 환경을 만들어 준다는 것은 어른 눈높이로 맞춰졌던 생활환경을 아이 시선으로 바라보라는 의미에요. 실제로 어린이집이나 유치원에서 아이의 키와 눈높이에 맞춘 책상과 의자, 세면대와 변기 등으로 전체적인 환경을 구성하듯이, 가정에서도 아이가 중심이 되는 환경을 구성해줄 수 있어요. 예를 들어, 화장실 거울이나 가방걸이, 마스크 걸이를 아이 시선에 맞춰 달아준다거나 아이가 현관에 앉아서 신발을 신을 수 있도록 의자를 놓아주는 것이지요. 다음은 가정에서의 일상생활 환경을 아이 중심으로 구성해본 사진입니다.

스스로 물건을 꺼내서 사용할 수 있는 서랍장

스스로 신발을 신고 벗기 편한 현관의자

스스로를 예쁘게 다듬을 수 있는 거울, 빗, 로션

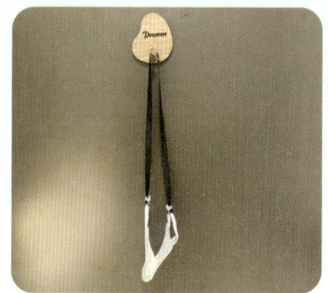
아이 키높이에 맞춘 마스크걸이

아이 키높이에 맞춘 가방걸이

아이 키높이에 맞춘 옷걸이

직접 빨래를 넣을 수 있는 빨래망

아이 키높이에 맞춘 수건 및 아기변기

아이 시선에 맞춘 세면대 안전거울

제4장

19~24개월

너의 색으로 물들여봐

알록달록, 너만의 색은 무얼까?

아이의 성장이 점차 무르익으며 세상을 향해 적극적으로 탐구해가는 시기입니다. 이 시기에는 무엇이든 도전해 보려는 주도성이 높아지고, 원하는 결과를 얻기 위해 다양한 시행착오를 겪으며, 자신의 문제를 스스로 해결해보려 해요. 많은 도전과 실패를 거쳐 자기 능력을 시험해보고, 마침내 성공하여 성취감과 자존감을 형성해가지요. 또한, 표현할 수 있는 어휘가 폭발적으로 늘어나는 시기이기도 하지요. 속사포처럼 터져 나오는 아이의 이야기에 귀 기울이고 도전을 응원해 주세요.

첫 점프

엄마 눈엔 그저 불안한 아이의 점프.
그러나 아이에게 점프는 감각의 짜릿함을 느끼며
아직은 불완전한 자신의 운동 능력을 발달시키는 도전의 순간이다.

너 설마. 거기서?

소파 위에 언제 올라갔는지도 몰랐는데, 아이는 소파 끝에서 살살 간을 보며 바닥으로 점프하려고 한다.
어? 하는 동시에 쿵!
놀란 가슴을 쓸어내린다. 손쓸 새도 없이 아이는 벌써 점프해서 바닥에 떨어져 헤 웃고 있다. 떨어짐과 동시에 한 발을 소파에 툭 걸치고 다시 오른다. 본격적으로 뛸 준비를 하시는 모양이다. 누가 점프하는 태엽을 감아둔 걸까?

다음날 나의 엄마에게 투덜댔다. 아이가 너무 뛰어서 걱정된다고, 누구 닮아 저런 건지 모르겠다고. 그러자 엄마는 "그래? 너는, 더 했어"라고 하신다. 새삼 놀라는 유전의 힘. 엄마는 내가 걷는 순간부터 뛰기 시작했고, 소파 위를 날아다녀서 소파가 남아나질 않았다고 한다. 어렴풋이 기억난다. 뛰는 짜릿함을 만끽했던 어린 시절의 나.

내 어릴 적 모습이 너의 모습에 겹친다. 눈은 장난기 가득, 어떻게 하면 더 높이, 더 재미있게 뛰어내릴까를 궁리하는 너의 긴장된 입술이 너무도 귀엽다. 온갖 곳을 오르고 뛰어내리는 아이의 행동을 바라보며 불안한 마음을 잠시 내려놓고 생각해 본다. 사실 아이의 점프는 아이가 새로 느끼게 된 순간의 감각과 할 수 있을 것만 같은 운동 기능을 발달시키려는 도전의 순간일 테니까. 마치 놀이기구가 살짝 무섭지만, 너무 짜릿해 계속 타고 싶은 것 같은.

"뛰지 마!"라는 말 대신, 아이의 도전에 응원을 보내며 속으로 나만의 바람을 속삭여 본다.

"앞으로 네 앞에 놓일 도전에 지금처럼 날아오르고, 내려 올 때는 안전하게 착지하기를 바라!"

첫 점프_놀이1

뽁뽁이 위로 폴짝!

★ **발달 포인트** #운동성발달 #근력발달 #자기조절 #스트레스해소

놀이 소개 아이가 걷고 뛰기 시작하면서 두 발 모아 뛰기, 한 발로 공차기, 계단 오르고 내리기, 빠르게 뛰기 등의 안정적이면서도 속도감 있는 운동발달이 이루어져요. 이 시기에는 운동성 발달이 잘 이루어지고 있는지 관찰하는 것이 중요해요. 뽁뽁이 점프 놀이를 통해 운동성을 발달시키고, 다리 근력과 순발력을 키울 수 있는 즐거운 놀이를 해요.

준비물 뽁뽁이(30cm*30cm 4개 이상), 종이테이프, 아이가 좋아하는 그림이 그려진 종이

놀이 방법

1. 뽁뽁이를 마음껏 탐색해요.

    "뽁뽁이를 터트려 보자." "우리 뽁뽁이 위에 앉아서 터트려 볼까?"

2. 길게 붙인 뽁뽁이 런웨이에서 놀이해요.

    * 두 겹으로 겹쳐야 뽁뽁이가 잘 터져요.

    "우리 뽁뽁이 위를 달려 보자!" "아빠가 달리니까 터지는 소리가 다르게 나네!"

3. 뽁뽁이 착지 대를 만들어 놀이해요.

    "두 발 모아 점프해 볼까?" "네모 안으로 점프해서 들어 와보자!"

4. 뽁뽁이를 종이나 그림 위에 붙여 징검다리처럼 만들어주세요.

    * 뽁뽁이 아래 좋아하는 그림이나 사진을 넣어주면 더욱 흥미롭게 점프할 수 있어요

    "엄마 손 잡고 두 발 점프하며 징검다리를 건너가 보자."

    "우리 포도 위에 점프해볼까?" "혼자 해볼까?"

5. 지그재그로 붙여 재미있게 뛸 수 있게 해 주세요.

    "징검다리가 지그재그 모양이 되었네. 어디로 뛰어볼까?"

놀이 플러스

- 마스킹테이프로 길을 만들어 아이가 그 길을 따라간 후 점프하는 놀이도 할 수 있어요.
- 아이가 쿵쿵 뛰면 층간 소음이 발생할 수 있으니 매트 위에서 놀이해요.
- 아직 두 발 뛰기가 어려운 아이라면 뽁뽁이를 좁은 간격으로 붙여 걸으며 징검다리를 건널 수 있도록 해요.
- 두 장의 뽁뽁이 사이에 물감을 짜주면 아이가 터뜨리는 놀이를 할 수 있어요.

| 첫 점프_놀이2 | # 날아서 풍선을 톡! |

★ **발달 포인트** #대근육조작기능 #눈과손의협응 #도전정신 #즐거운운동경험

놀이 소개 아이들은 닿을 듯 말 듯 자신보다 조금 높은 곳에 있는 물건들을 꺼내고 싶어해요. 자기 능력을 테스트해 보고 도전하기를 즐기기 때문이죠. 이럴 때 풍선을 아이의 키보다 조금 높게 달아 점프하며 쳐 볼 기회를 제공해 주세요. 풍선에 닿기 위해 거듭 뛰어오르는 놀이를 통해 아이는 목표물에 닿기 위한 집중력과 도전정신을 발달시켜요.

준비물 풍선, 리본 끈, 테이프

놀이 방법

1. 풍선을 여러 크기로 불어 주고, 아이가 탐색할 수 있도록 해요.

    "엄마가 큰 풍선 작은 풍선을 불었네. 어떻게 놀아볼까?"

    "우리 풍선을 하늘로 쳐 볼까?"

    "풍선아~ 바닥에 떨어지지 마! 우리 풍선을 구해주자!"

2. 풍선에 리본 끈을 달아 놀이해요.

    "끈에 매달린 풍선이 우리를 따라오네."

    "끈을 돌려볼까?"

3. 리본 끈을 단 풍선을 조금 높이 매달아서 칠 수 있도록 해요.

    "머리도 닿네? 발로도 쳐 볼 수 있어!"

    "높이 있는 건 손으로 쳐볼까? 높이! 더 높이!"

4. 풍선을 끈 없이 벽에 붙여서 떼는 놀이를 해요.

    "풍선을 떼 볼까?"

    "높이 있는 풍선을 떼 보자!"

놀이 플러스

- 길쭉한 풍선, 모양 풍선 등 다양한 풍선을 활용해서 놀이해 보아요.
- 풍선이 터지는 소리에 아이가 놀랄 수 있어요. 터질 때 큰 소리가 날 수도 있음을 미리 알려주세요.
- 욕조에서 물 풍선을 매달아 놀이하면 더욱 신나게 놀 수 있어요.

첫 자연물 놀이

자연은 하루도 같은 날이 없다.

아이도 마찬가지.

그래서 닮은 둘을 자주 만나게 해주는 일은 자연스러운 일!

아이가 걷기 전에는 누워 있는 아기를 어떻게든 유모차에 태워 밖에 나가 바람을 쐬려 노력했다. 그렇지 않으면 문밖에 한 번도 나가지 않은 날들이 이어질 테니까.

아이가 걷기 시작하니 이제는 내가 나서지 않아도 아이가 밖으로 나가자 성화다. 그런데 아이를 챙기느라 한판 씨름하고, 아이를 따라오는 물건들을 또 챙기다 보면 나가지 말까? 하는 생각이 든다. 결국, 오늘도 나는 거울 한 번 못 본 채로 집을 나선다.

문을 나서니 뻐질 땀 난 이마 위로 바람이 살랑 분다.

아이의 머리칼 사이에도 바람이 스친다. 그리고 우리는 함께 하늘을 올려다본다. 바빴던 내 마음에도 바람이 불어 나가지 말까? 했던 마음이 어느새 날아간다. 그리고 우리는 여행하듯 낙엽 위로 바스락대며 걷고, 뱅글뱅글 바닥 위를 회오리치는 낙엽의 춤에 한바탕 까르르 웃는다.

"그래, 그래도 나서길 잘했지."

자연은 하루도 같은 날이 없다. 하늘의 구름, 바람, 햇살이 매일 변한다. 아이도 단 하루도 같은 날이 없다. 그러니 서로 닮아 있는 자연에서 아이가 노는 것은 자연스러운 일인가 보다. 공들여 놀이를 만들어내지 않아도, 놀아주지 않아도, 놀잇감을 사지 않아도, 숲이 또 바다가 만들어 낸 자연의 것들로 아이는 더 오래도록 놀이에 스며든다. 그래서 매일 나가려고 노력한다. 비가 오면 우비 입고, 눈이 오면 장갑 끼고! 자연을 더 많이 만나고 사랑하러!

| 첫 자연물 놀이_놀이1 | # 살아나라 얍! 자연물과 친구 되기 |

★ **발달 포인트** #상상력발달 #놀이창조 #생태감수성 #소근육발달

놀이 소개 자연 놀이를 할 때는 놀이를 힘들여 준비하지 않아도 됩니다. 이미 자연이 우리를 위해 다 준비해 두었으니까요. '눈알 스티커' 한 장이면 놀이가 더 즐거워집니다. 눈을 붙이고 살아난 자연물은 아이에게 말을 겁니다. 나뭇잎은 물고기가, 돌은 할아버지가 되기도 하죠. 아이는 눈알 스티커로 자연물에 생명을 부여하는 마법사가 되어 신나게 상상력의 나래를 펼치며 놀이할 수 있습니다.

준비물 종이 눈알 스티커, 흰 천 (또는 가제 손수건)

놀이 방법

1. 아이와 다양한 자연을 느낄 수 있는 장소로 나가 보아요.

    "우리 나뭇잎, 나뭇가지, 흙이 있는 숲으로 모험을 떠나자!"

2. 자연물을 하얀 천 위로 올리고 탐색해요.

    "큰 나뭇잎, 작은 나뭇잎, 삐죽삐죽 모양이 다양하네."

    "엄마가 큰 나뭇잎으로 우산을 썼어!"

    "나뭇잎을 던지며 놀아보자."

    "빙글빙글 우리도 낙엽 흉내 내볼까?"

    "나뭇잎으로 무얼 하면 좋을까?"

3. 아이가 모아 온 자연물에 눈알 스티커를 붙여보아요.

    "솔방울에 눈이 생겼어. 머리가 삐쭉한 사자 같아!"

    "길쭉한 나뭇잎에 눈을 붙이니, 지렁이가 되었네!"

4. 눈알 스티커를 붙인 자연물로 이야기하며 놀아요.

    "돌멩이가 말을 거네? 돌멩이 기분이 어떤 것 같아?"

    "작은 낙엽들이 다 모였어. 같이 모여서 큰 물고기를 만들 거래!"

놀이 플러스 +

- 자연물에 붙인 스티커는 꼭 떼고 돌아와 주세요. 자연물을 자연으로 되돌려 주는 것 또한 중요한 교육입니다.
- 분필 크레파스(잘 지워지는 바깥 놀이용 크레파스)를 들고 나가 그림을 그리고 그 위에 자연물을 놓으며 놀이해보아요. 놀이가 더욱 다채로워집니다.
- 얼굴이나 몸에 눈알 스티커를 붙이며 놀이해도 재미있어요.

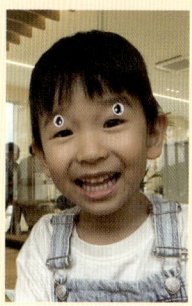

| 첫 자연물 놀이_놀이2 | # 내 손에서 피어난 유토 |

★ **발달 포인트** #구성능력발달 #오감발달 #소근육발달 #정서안정감

놀이 소개 쌀, 전분 등에 기름을 섞어 자연의 재료로 만든 유토는 아이들에게 좋은 놀잇감입니다. 유토는 쉽게 굳지 않아 아이들이 다루기 쉬운 재료기도 하지요. 아이들은 포근하고 부드러운 유토를 자유롭게 만지고, 주무르며 정서적 안정감을 느끼고, 푹 찌르고, 뜯고, 다시 뭉쳐보며 쾌감을 느끼기도 합니다. 이제 이 유토를 자연으로 들고 나가 자연물과 더불어 놀이해볼까요? 다양한 자연물을 꼽기만 했는데도 멋진 작품이 완성되니 아이는 쉽게 성취감을 느끼고 자유롭게 놀이할 수 있어요.

준비물 유토, 자연물

놀이 방법

1. 자연으로 나가, 마음껏 탐색하며 놀아요.

 "오늘은 돌멩이를 주워 왔구나."

 "엄마도 돌멩이를 주워 왔어. 돌멩이 모양이 다 다르네."

2. 유토를 제시하고 함께 탐색해요.

 "유토를 만져볼까? 어때? 흙이랑 비슷하지?"

3. 유토로 자유롭게 놀아보아요.

 "유토를 푹 찔러볼까?"

 "유토 한 덩이를 떼어내 보자."

 "동글동글 유토를 손바닥에서 굴려 보자."

4. 유토를 넓게 펼쳐 아이가 가져온 것을 찍어 보아요.

 "엄마는 솔방울을 찍어 볼래. 콕콕콕 오리 발자국 같아."

 "오, 이 나뭇가지는 뼈 같기도 한데?"

5. 유토를 뭉쳐서 위에 여러 가지 자연물을 꽂아보아요.

 "길쭉길쭉 풀들을 꼽으니까. 집에 있는 꽃병 같아졌어!"

놀이 플러스

- 유토를 먼저 충분히 탐색하고 놀이할 수 있도록 해 주세요.
- 바깥에서 놀이할 때, 유토를 올려 둘 나무 접시나, 도마 등이 있으면 좋습니다.
- 유토위에 자연물을 꽂아 만든 작품을 집에 전시해요. 아이는 내 손으로 만든 멋진 작품을 보며 성취감을 느낄 수 있어요.

27 첫 마주이야기

"말하지 않아도 알아요 ♬"라는 노래가 무색하다.
말하니까 더 잘 보이는 너의 마음

"(아이가 아빠를 부른다) 여보~"

응? 아이가 어느 날 남편을 여보~ 라고 부른다. 순간 놀라 우리 부부는 아이를 바라보고는 이내 박장대소를 터뜨린다. 말을 시작하니 웃긴 순간이 많아진다. 아이는 특히 자기 전에 혀 짧은, 너무도 귀여운 소리로 종알종알 말을 봇물 터지듯 쏟아낸다. 그걸 듣고 있으면 그동안 말 못 해서 얼마나 답답했니? 하고 묻고 싶을 정도.

몇만 번 입 안에서 되뇌며 연습하던 말들이 밖으로 터져 나왔을 때, 아이는 얼마나 신기했을까? 혹은 뿌듯했을까? 한 단어 한 단어 아이가 새롭게 말하는 그 말들이 너무도 소중하다. 오늘은 몇 개의 단어를 말할 수 있게 되었는지 하나둘 헤아리며 단어 목록을 적어내려 가본다. 그래, 그동안 이 단어들을 말하고 싶었구나! 이 말들이 아이가 그간 가장 많이 들었고, 가장 많이 원했던 것이겠지. 아이가 말하는 단어들을 떠올리며 그 안에 스며들었을 내 말 습관을 정돈해 보게 된다.

본격적으로 말이 터진 너를 마주하니 '인간이 이렇게 사랑스러울 수도 있구나!' 싶다. 하지만 동시에 언제 말로 표현했냐는 듯 떼쓰고, 울고, 소리 지르는 모습을 보면 한숨이 나온다. 이제는 말을 알아듣는 것 같은데, 아무 말도 먹히지 않는 아이러니한 상황. 아이와 대화를 나누고 싶었는데, 떼를 잔뜩 부리는 네 앞에서 결국 나는 큰 소리를 내고 말았다.

휴-

잠이 든 아이 옆에 누워 미안한 마음에 아이의 옹 다무린 입과 옆으로 흐르는 통통한 볼을 쓰다듬어본다. 내일은 화내지 않고 말해야지. 다정하게 말하고 따뜻하게 안아 주어야지. 우리 내일은 더 많은 사랑의 말을 속삭이자~! 사랑해.

첫 마주이야기_놀이1

마주 귀 기울이기

★ **발달 포인트** #언어발달 #귀기울여듣기 #과학적탐구 #도구의변신

놀이 소개 20개월이 넘어서면 아이는 50개 정도의 단어를 말할 수 있게 됩니다. 이때 아이가 말을 잘하려면 잘 듣는 것이 중요해요. 휴지심을 이용한 말 전하기 놀이를 통해 말소리에 귀 기울이는 경험을 주세요. '사랑해' 또는 '너는 소중해'와 같은 아이에게 아름다운 말을 속삭여줄까요? 아이는 엄마가 하는 말을 귀 기울여 듣고, 또 엄마에게 소리를 전달해 보며 언어적 경험과 함께 소리를 탐색하는 과학적 경험을 할 수 있답니다.

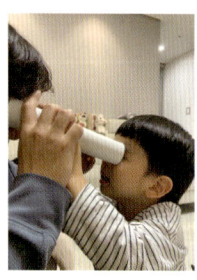  

준비물 키친 타월심, 휴지심, 종이, 엄마의 사랑스러운 목소리

놀이 방법

1. 아이가 키친 타월심 또는 휴지심을 스스로 탐색할 수 있는 시간을 충분히 주어요.

    "우리 한 번 만져볼까?"

    "구멍으로 눈이 보이네."

2. 키친 타월심을 통해 엄마의 목소리를 전달하고 아이가 어떤 반응을 보이는지 관찰해요.

    "귀를 대볼래?"

    "사랑해"

    "휴지심으로 들어보니 어때?"

3. 아이가 말하고 엄마가 들어 볼 수 있도록 해요.

    "한 번 해볼까? 어떤 말을 해 줄래?"

    "소리만 내도 괜찮아."

4. 가족이 둘러앉아 휴지심을 활용하여 말을 전달해 보아요.

    "엄마가 아빠에게 '사랑해' 라고 전해줄게."

    "아빠가 뭐라고 했어?"

    "두들겨보자. 둥둥둥."

놀이 플러스

- 휴지심을 마이크처럼 사용하여 노래를 불러도 재미있어요.
- 휴지심에 대고 말할 때 작은 소리로 속삭여 보세요. 아이가 더 집중할 수 있어요.
- 다 쓴 휴지심을 바구니에 모아 보세요. 휴지심은 좋은 놀잇감이 됩니다. 굴려 볼 수도 있고, 두드리며 놀이하는 등 다양한 놀이를 할 수 있어요.

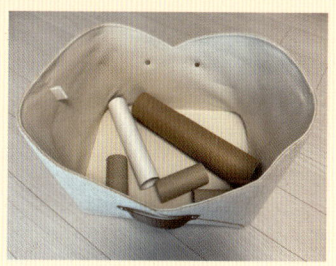

첫 마주이야기_놀이2

우리 가족 말 주머니

★ **발달 포인트** #어휘확장 #자기표현 #소통능력발달 #어휘확장 #마음나누기

놀이 소개 아이가 새로운 단어들을 말할 때의 벅참은 말로 표현할 수 없죠. 아이의 말 주머니를 더 의미 있게 확장해 볼까요? 우리 집 마주이야기 주머니를 만들어 서로의 마음을 주고받아요. 부모가 출근하며 아이에게 남기고 싶은 카드를 남겨두거나, 아이가 자신이 먹고 싶은 것, 좋아하는 것이 그려진 카드를 넣도록 해볼 수 있어요. 또한, 오늘 일어날 일들이나 우리 가족의 중요한 이벤트를 마주이야기 주머니에 넣어두면 아이는 앞으로 일어날 일들을 예측하고 상상하며 더욱 즐겁게 상황을 맞이하는데 도움을 주어요.

🟣 **준비물** 마주이야기 주머니(L자 홀더 파일), 테이프, 플래시 카드 또는 흰 종이, 펜

🟣 **놀이 방법**

1. 마주이야기 주머니를 만들어요.

    ＊L자 홀더 파일을 플래시 카드 사이즈에 맞게 잘라요. 플래시 카드를 넣고 빼기 쉽게 한 면의 위를 반원으로 잘라 주어요. 벽 또는 문에 마스킹테이프로 붙여 주머니처럼 활용해요.

2. 마주이야기 주머니에 대해 설명해 주어요.

    "이 주머니는 엄마나 아빠가 우리 아기에게 해주고 싶은 말을 넣어주는 주머니야."

    "여기는 엄마, 아빠 칸, 여기는 우리 아기 칸~"

3. 마주이야기 주머니에 아이와 함께 이야기 나눌 카드를 넣어보아요.

    ＊오늘 일을 예측하는 카드, 먹고 싶은 것, 사랑을 표현하는 말 카드 등을 넣어 이야기해요.

    "(토끼 카드를 넣으며) 오늘 엄마랑 토끼를 보러 갈 거야."

    "토끼는 어떤 걸 먹을까? 냠냠 당근을 좋아한대! 귀여운 토끼에게 당근을 줄까?"

4. 마주이야기 주머니에 담긴 카드를 꺼내서 이야기해요.

    ＊플래시 카드나 직접 그린 '그림' 카드

    "어! 오늘은 아빠가 어떤 카드를 놓고 가셨지? 함께 꺼내보자!"

놀이 플러스 ✚

- 플래시 카드는 아이에게 익숙한 그림이 그려져 있는 카드부터 점점 개수를 늘려 확장해 보세요.
- 아이와 카드로 이야기할 때 이 카드가 무엇인지 단어를 묻거나, 반복해서 따라 하게 하면 아이가 스트레스를 받을 수 있어요. 아이의 관심사에 따라 몸짓 등으로 상호작용해요.
- 아이가 먹고 싶은 음식, 가고 싶은 장소, 또는 좋아하는 동물 등의 카드로 자신의 마음을 표현할 수 있도록 도와주는 것도 좋아요.

28 첫 탈것

한 가지를 온 마음 다해 좋아하는 것, 그것에 진심인 순간들.
엄마는 오늘도 너를 보며 배워.

남자아이라고 굳이 자동차 장난감을 쥐어준 것도 아닌데, 자동차를 너무도 사랑해서 종일 굴리는 모습을 보니, 아이 안에 취향이 생기는 것 같아 신기하다. 그 덕에 나도 난생처음 중장비들의 이름을 불러보고, 심지어 줄줄 읊을 수 있게 되었다. 굴착기, 레미콘, 불도저, 기중기…. 혼자 길을 가다가 도로에서 큰 차, 공사 차량을 만나면 나도 모르게 너무 반가운데 아이는 오죽할까?

　차를 타고 가다 자동차들이 보이면, 그걸 바라보는 네 눈은 마치 연예인이라도 본 듯 반짝인다. 호기심과 반가움으로 가득 차 동그래진 눈을 보니, 어떤 생각을 하는 걸까 엄마는 궁금해진다.
　사실 처음엔 자동차에만 꽂혀서 노는 아이를 보며 내심 걱정했다. 한 가지로만 노는 게 괜찮은 걸까? 엄마 욕심엔 이것저것 다양하게 경험하며 놀았으면 싶었으니까. 그래도 일단 걱정은 뒤로하고 아이와 함께 푹 빠져 놀아보니, 못 봤던 놀이가 보인다. 이렇게 한 가지를 '제대로' 만나고 있었던 거구나!

　아이는 미끄럼틀, 바닥, 소파, 책 위 등 가리지 않고 다양한 곳에서 자동차를 굴리며 나름의 실험을 하고 있었다. 중장비들끼리 모아보고, 도와주는 차를 모으기도 하고, 주차장도 만들고, 차를 세우고는 차가 막혀서 못 간다고 하고, 고생한 차들에 밥도 먹여주며 너무나 재미있는 이야기들로 진하게 놀이하고 있었는데, 엄마가 잘 몰라봤구나.

　한 가지를 온 마음 다해 좋아하는 것, 그것에 진심인 순간들. 엄마는 오늘도 너를 보며 배운다. 앞으로도 네가 좋아하는 것을 찾고 푹 빠져 즐기길 바랄게. 그리고 그것이 무엇이든 인정하고 묵묵히 바라보며 응원하는 엄마가 될게.

첫 탈것_놀이1

자동차가 종이컵을 만났어!

★ **발달 포인트** #대근육발달 #신체발달정교화 #역할놀이 #스트레스해소 #창의성발달

놀이 소개 자동차에 종이컵을 더해서 색다르게 놀아볼까요? 종이컵을 쌓아 자동차로 무너뜨려요. 이 시기 언어적 표현과 신체적 움직임이 서툰 아이들은 몸과 마음에 긴장이 쌓이기 쉬운데, 이런 놀이는 아이에게 긴장을 해소하는 기회를 제공해요. 종이컵은 다양한 놀이를 창조할 수 있는 놀잇감이에요. 아이가 좋아하는 자동차 놀이에 종이컵을 더해 놀이를 확장하며 창의성을 키워보아요.

준비물 직접 타는 실내용 탈 것, 장난감 자동차, 종이컵(50개 이상)

놀이 방법

1. 종이컵과 자동차를 건네주고 아이의 놀이를 관찰해요.

    "자동차 장난감과 종이컵이 있네? 어떻게 놀아볼까?"

    "자동차랑 종이컵이랑 함께 놀아볼까?"

2. 종이컵으로 장난감 자동차 주차장을 만들어 보아요.

    "종이컵을 눕히니까 공간이 생기네, 우리 집 지하에 주차장 같아!"

    "여기에 자동차를 주차해볼까?"

    "컵 색과 같은 자동차를 주차해보자."

4. 종이컵으로 길을 만들어요.

    "자동차 길을 만들어 보자."

    "요리조리 자동차가 피해 갈 수 있게 꼬불꼬불 재미있는 길을 만들어 볼까?"

5. 종이컵을 쌓아 올리고 다양한 방법으로 통과해요.

    "자~ 하나, 둘, 셋! 하면 우리 종이컵 성을 통과해 보는 거야."

    "종이컵이 와르르 무너졌네. 우리 다시 쌓아볼까?"

놀이 플러스

- 종이컵은 쉽게 구할 수 있고 저렴한 놀잇감이지만, 정형화되어 있지 않기 때문에 다양하게 놀이하며 상상력과 창의성을 기를 수 있는 좋은 놀잇감입니다.
- 종이컵은 가볍기 때문에 섬세히 다뤄야 해요. 이런 종이컵을 쌓고 조작하며 놀이하면 집중력 및 손과 눈의 협응력을 기를 수 있어요.
- 종이컵을 쌓을 때 자꾸 무너져서 아이가 실망할 수도 있어요. 그때 '괜찮아! 우리 다시 쌓으면 돼~!' 하며 다시 도전할 수 있다는 긍정적 언어표현을 해 주세요.

첫 탈것_놀이2	# 굴리고, 흔적을 남기고

★ **발달 포인트**　#과학적실험능력발달　#문제해결능력　#인과관계이해　#기울기이해

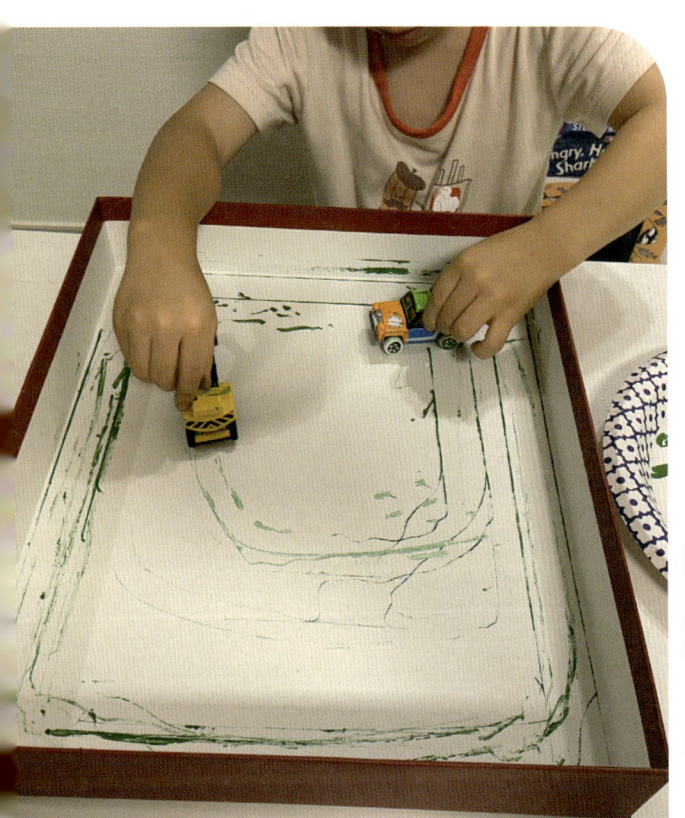

놀이 소개　아이들은 성별을 떠나 자동차를 친숙하게 느낍니다. 주변에서 쉽게 만나고, 타 보며 직접 경험하기 때문이죠. 데굴데굴 굴러가는 바퀴는 아이들이 특히 좋아하는 요소예요. 물감을 묻힌 자동차가 굴러가며 남긴 흔적을 통해 아이는 바퀴가 지나가는 길, 바퀴의 모양, 바퀴가 만들어내는 직선과 곡선을 관찰 할 수 있어요. 상자를 기울여 요리조리 자동차를 굴리는 재미있는 놀이를 해 보세요.

준비물 다양한 종류의 자동차 장난감, 상자뚜껑, 물감, 물감 접시

놀이 방법

1. 자동차의 바퀴를 탐색하며 아이가 어떤 것에 흥미를 보이는지 관찰해요.

    "어 자동차들이 뒤집혀 있어. 무엇이 보여?"

    "동글동글 자동차 바퀴가 자동차마다 모양이 다르구나!"

    "자동차 바퀴를 만져보니 어때? 울퉁불퉁 하네."

2. 물감을 묻히지 않고 상자에서 마음껏 굴려보아요.

    "이렇게 기울이면 어디로 굴러갈까?"

    "오 높이 기울였더니 쌩~하고 빠르게 간다."

3. 물감을 바퀴에 묻혀 자동차를 굴려요.

    "바퀴에 물감을 묻혀보자."

    "바닥에 찍힌 바퀴 모양이 다 다르네?"

4. 상자를 요리조리 기울이며 물감이 묻은 자동차를 굴려보아요.

    "바퀴가 굴러가면서 선이 생겼네."

    "바퀴 길이 생겼어."

    "이건 어떤 자동차가 굴러간 길일까?"

놀이 플러스

- 상자가 클수록 자동차가 가는 길이 길어져 흔적을 남기기 좋아요.
- 물감의 농도를 다르게, 자동차 바퀴 무늬와 크기를 다양하게 제시하면 아이가 비교하며 놀이할 수 있어요.
- 상자를 세워서 놓아주면 멋진 작품이 됩니다. 집에 걸린 작품을 보며, 아이는 놀이 당시엔 발견하지 못했던 것들을 발견할 수도 있어요.

29 첫 색깔 놀이

일상을 놀이하며 지내고 싶은데, 가끔 놀이 준비가 부담스러워 아이와의 놀이를 일상으로 만들지 못한다.
하루 반짝 놀이 준비를 위해 애쓰기보다, 조금씩 그 과정을 즐기며 놀이에 물들어 가보는 건 어떨까?

어라? 여기도? 도대체 여기엔 어떻게 튄 거지? 잘 닦이지도 않는 물감 자국을 닦으며 며칠 전 아이와의 놀이를 떠올린다. 온몸을 색으로 물들여가며 놀이했던 그 순간의 아이 얼굴을 잊을 수가 없다. 손으로 발로 물감을 치고 만지고 몽땅 섞어가며 지은 무아지경의 표정, 신나서 벌어진 입을 다물지도 않고 물감인지 침인지를 마구 흘리며, 눈은 캔버스에서 단 한시도 떼지 못한다. 네가 물감 묻힌 채로 뛰쳐나갈까 봐 한시도 엄마는 너에게서 눈을 떼지 못하지만. 아이의 멀건 얼굴에 묻은 색색의 물감이 장난스러운 표정을 더욱 개구지게 만들어주어 정말 귀엽다. 물에 젖어 축 처진 기저귀까지.

왜 망설였을까? 물감 놀이를 이토록 좋아하는데. 물감 벅벅 닦으며 다신 내가 물감 놀이 하나 봐라! 했던 마음이 사라진다. 다음 물감 놀이를 어떻게 재미있게 해볼지 고민하는 나는 참된 엄마인가? 망각의 동물인가?

일상을 놀이하며 지내고 싶은데 거창하고 부담스러운 놀이 준비에 치여 아이와의 놀이가 일상이 되지 못할 때가 많다. 힘주어 준비한 날은 꼭 아이가 잘 안 놀아 실망한다. 준비하느라 진 빠진 엄마를 파악한 것인지, 다 준비된 놀이가 재미없는 것인지… 그러다 보면 놀이에 대한 부담만을 안은 채로 하루하루가 흘러간다.

그런데 물감 놀이를 하며 생각을 바꿔보기로 했다. 아이와 함께 준비하는 과정마저 놀이로 여겨보는 건 어떨까? 하루는 물감을 같이 사러 가서 문구점의 다양한 물건을 구경하는 것이 놀이 그 자체! 다음 날은 물감 뚜껑 열지 말고 탐색만 해보고, 물감 하나, 둘 추가해보며 놀이를 물들여 가는 여정을 즐기기로.

함께 준비하며 차근히 놀이하니 아이도 놀이를 다루고, 나도 놀이와 아이를 다루는 능력치가 조금씩 생긴다. 아이에게는 미리 준비하느라 진 빠진 엄마보다 함께 궁금해하고, 신기해하며 놀이를 함께 만들어가는 엄마가 더 좋은 놀이 친구겠지? 힘 빼고 같이 즐겁게 놀아보자!

첫 색깔 놀이_놀이1

말랑말랑 색 놀이

★ **발달 포인트** #색감발달 #미적감수성발달 #눈과손의협응력발달 #구성능력

놀이 소개 점토와 매직만 있으면 간단하게 할 수 있는 미술 놀이를 소개합니다. 이 놀이는 간편하지만 아이들이 정말 좋아하는 놀이랍니다. 점토에 매직을 콕콕 찍어 점토를 섞고 주무르며 새로운 색을 창조하며 색채 감각을 발달시키고, 손으로 점토를 만지며 오감을 깨울 수 있어요. 점토를 다듬어 끈을 끼우면 세상에 하나밖에 없는 내 목걸이도 만들 수 있는 일석이조 놀이에요.

준비물 하얀 점토, 매직, 끈

놀이 방법

1. 점토와 매직을 탐색해 보아요.

    "점토와 매직이 있네? 이걸로 뭘 하면 좋을까?"

    "매직에 점토를 꽂아보고 싶구나! 꽂아서 무엇을 만들까?"

2. 점토에 매직을 찍어 색을 만들어요.

    "어떤 색을 칠해볼까? 콩콩 찍으니 색이 나오네!"

    "다른 색으로 찍어 볼까? 꽃처럼 보이네?"

3. 점토를 주무르며 색의 변화를 관찰해요.

    "이 점토를 조물조물 만져볼까? 와! 색이 점토에 섞여 흐려지네!"

    "노란색과 파란색을 섞으면 무슨 색이 될까? 와 초록색이다!"

4. 자유롭게 놀이하며 색의 마블링을 관찰해요.

    "점토를 쭉~늘려보자! 색깔 줄이 쭉 늘어나네."

    "동글동글 뭉치니 색깔이 회오리친다."

5. 끈에 엮어 목걸이를 만들어요.

    "우리가 만든 것 중에 어떤 걸 목걸이로 만들고 싶어? 세상에 하나 뿐인 목걸이야!"

---

* 아이가 놀이 할 수 있는 다양한 점토

지점토 : 하얀색 종이로 만들어져 색을 칠하면 발색이 잘돼요.

천사점토 : 지점토 보다 부드럽고 가볍고 촉촉해요. 말라도 물기만 더 해주면 재사용이 가능해요.

아이클레이 : 촉감이 보들보들, 쫀득쫀득 해요. 탄성이 있어서 만들었을 때 통통 튀는 느낌이 있어요.

놀이 플러스+

- 아이가 입에 넣지 않고 놀이할 수 있도록 옆에서 꼭 함께 놀이해 주세요.
- 매직 대신에 사인펜 또는 물감을 조금씩 섞어 놀이해도 좋아요.
- 매직을 콩콩 찍으면 바닥에 묻을 수도 있어요. 바닥에 판을 깔거나 매직이 묻어도 잘 지워지는 곳에서 놀이해요.
- 아이가 놀이 할 수 있는 다양한 점토를 소개해요.

첫 색깔 놀이_놀이2

그리고 또 그리고

★ **발달 포인트** #미적감각발달 #자아존중감 #색채감수성 #미술도구활용

놀이 소개 아이의 그림을 멋지게 전시해주고 싶은데, 혹시 어떻게 해야 할지 모르겠나요? 그럴 땐 왠지 그럴듯해 보이는 원형 캔버스로 해결! 아이가 슥~ 그린 그림이 작품이 됩니다. 아이의 작품이 축적되고 변화해 가는 과정을 느낄 수 있도록 캔버스에 그림을 그린 뒤 잘 보이는 곳에 한동안 전시한 후 그 위에 물감과 오일파스텔로 다시 덧 그려 봅니다. 나중에 잡지나, 전단에서 오려 둔 그림을 콜라쥬하여 완성하면 우리 집 미술관에는 일 년 내내 꼬마 작가님의 전시가 열려요.

`준비물` 수채물감(또는 포스터물감), 붓, 캔버스, 전단, 오일 파스텔(또는 크레파스), 물감 담을 병, 김장비닐 또는 놀이매트(바닥에 깔 것)

`놀이 방법`

1. 그리기 도구를 소개해요.

    "이건 그림을 그리는 붓이야. 만져보니 어때?"

    "동글동글 캔버스가 있네. 여기에 그림을 그리는 거야."

2. (1차 그리기 및 전시) 연한 색의 물감을 탐색하고 마음껏 색칠해요.

    "와 물감이 있어. 뭉게뭉게 구름 같은 하얀색도 있고, 민들레꽃 같은 노란색도 있네"

    "캔버스가 하늘색으로 변하고 있어, 하얀색을 섞으니 정말 하늘에 있는 구름 같네."

    * 노랑, 연두, 하늘, 흰색 등의 연한 색을 사용해요.

3. (2차 그리기 및 전시) 이전에 그린 그림을 배경 삼아 더 진한 물감으로 덧 그려요.

    "우리가 예전에 그린 그림 위에 또 그려 볼까?"

    "와 색을 섞어 멋진 색을 만들었구나! 그림 위에 덧그리니 또 다른 그림이 되네."

    * 파랑, 빨강, 초록, 보라 등의 진한 색을 사용해요.

> **놀이 플러스**
> - 붓이 너무 작으면 색을 칠하는 것이 힘이 들어 흥미가 떨어질 수 있어요. 쉽게 그려지는 큰 붓을 사용해요.
> - 처음부터 모든 물감의 색을 제한 없이 주면, 아이가 물감을 모두 섞어 까만색으로 만들어 버릴 수 있어요. 물감을 자유로이 섞는 놀이도 좋은 놀이지만, 두세 가지 색의 다양함을 먼저 즐겨보는 것도 좋답니다.
> - 바닥에 놀이 매트나, 큰 아스테이지를 깔고 그림을 그리면 좋아요. 또는 화장실 바닥에서 놀이하면 치우는 부담이 줄어요.

4. (3차 그리기 및 전시) 이전에 그린 그림 위에 오일 파스텔로 그림을 그려요.

"오일 파스텔로 그림을 그려보자."

* 작품을 전시하고 며칠 후에 다 마른 것을 확인한 후 그려요.
* 파스넷이나 크레파스로도 색칠 할 수 있어요.

4. (4차 그리기 및 전시) 작품 위에 전단에서 잘라낸 그림 조각을 붙여요.

"어떤 그림들을 붙여보고 싶어?" "와 더운 태양 위에서 음식들이 요리되는 것 같아"

* 아이의 작품을 보며 느낀 점을 나누어 보아요

우리집 미술관

아이가 작품의 변화를 볼 수 있도록 지속적으로 전시해 주세요.

미술 놀이 도구 팁!
아이와 쉽게 미술놀이 할 수 있는 재료를 소개합니다.

1. 큰 색종이

30cm * 30cm의 큰 색종이. 15cm * 15cm의 보통의 색종이보다 크기가 커서 아이와 활용하기 좋습니다. 색종이 위에 아이가 앉아 볼 수도 있고, 같은 색의 장난감을 색종이 위에 올리기, 찢어보기, 그림 그리기 등의 활동이 가능합니다.

2. 에그톡 물감

아이가 손에 쥐고 사용할 수 있는 물감입니다. 도장처럼 톡톡 찍으며 놀이할 수 있어요. 물감, 붓, 물이 필요하지 않고 쉽게 물감 놀이를 할 수 있는 장점이 있습니다. 아이가 입에 넣지 않도록 옆에서 잘 지켜봐 주세요.

3. 핑거페인팅 물감

손으로 직접 물감을 만지고 섞고 그려 볼 수 있는 핑거 페인트입니다. 촉촉한 로션 제형으로 만졌을 때 촉감이 좋고, 쉽게 지워지는 특징이 있습니다. 아이들이 물감 놀이를 하다 입에 넣을 수도 있으므로 입에 넣어도 안전한 제품을 선택하는 것이 좋습니다.

4. 붓

핑거 페인트로 물감에 익숙해졌다면 '붓'을 사용하여 물감 놀이를 해 보아요. 넓은 면을 칠할 땐 페인트 붓을 사용하여 아이가 쉽게 칠해 볼 수 있도록 도와주고, 섬세하게 칠하고 놀이하고 싶다면 수채화 붓을 선택해요. 수채화 붓을 고를 때는 끝이 둥글고 탄탄한 모를 선택해요. 얇은 붓보다는 큰 붓을 사용하는 것이 좋습니다. 보관할 때는 붓 끝이 바닥에 닿지 않도록 거꾸로 세워서 보관해요.

5. 다양한 모양의 캔버스

네모, 세모, 타원형의 캔버스는 아이가 그린 작품을 더욱 돋보이게 해 주고, 집에 전시하기도 쉽습니다. 종이가 아닌 다른 질감에 그림을 그리는 경험이 미술 감각을 키우는 데 도움을 줄 수도 있습니다.

6. 파스넷

파스넷은 크레파스보다 부드럽게 그려지면서도 확실한 색감이 나타나서 아이가 사용하기 편리해요. 파스넷에 물을 묻혀 그리면 물감처럼 사용할 수 있어요.

첫 요리

아이와 요리한다는 것이 거창해 보일 수 있지만, 사실은 가족을 위한 식사를 준비하는 '일상'에 제 몫을 하게 하는 일이다. 요리 자체는 놀이가 되고, 그 과정에서 재료의 변화, 다양한 촉감과 식감들을 경험하고 나누며, 아이는 차려진 식탁 너머의 것을 알게 되는 소중한 부엌의 시간.

부엌에 너를 들이다니 엄마의 실수일까? 순식간에 물놀이가 되어버리는 현장을 목격하고 다시는 부엌을 내어 주지 않겠다고 다짐했다. 그런데 둘이 앞치마 매고 나란히 부엌에 서서 채소를 씻고, 다듬고, 함께 요리하고, 맛보는 그 꽁냥꽁냥한 순간을 향한 마음은 참 눈치 없이 올라온다.

사실 아이가 잘 앉지도 못했을 때 했었던 촉감 놀이들. 그 정성의 반만 쏟아도 너와 요리하는 게 가능하지 않을까? 아차! 거기에 가장 중요하다는 내려놓는 마음 한 스푼을 좀 넣어서. 흘리면 어때! 모양이 온전치 못하면 어때! 어차피 입 안에 들어가면 다 똑같은데, 옷이 좀 젖으면 어때?라고 스스로를 세뇌시키며 아이를 다시 주방으로 초대했다.

숱한 멸치 똥 따기, 콩나물 다듬기, 미역 씻어 불리기(아이와 놀이하면 자동으로 불려진다), 달걀 휘젓기 등의 인턴쉽의 과정을 거쳐 점점 메인 주방장의 자리를 꿰차게 된 너. 이제 진짜 요리다운 요리를 할 준비가 된 것 같다.

잼을 만들자. 함께 딸기를 고르고, 씻고, 자르고, 으깨본다. 딸기 향 가득한 너의 손, 입, 얼굴을 바라만 봐도 달달한 시간. 넌 얼마나 달콤했을까? 잼에 들어간 딸기보다 입에 들어간 딸기가 더 많으니 말이다. 우리가 만든 첫 잼을 빵에 잔뜩 발라 한 입 베어 물었다. 입에 봄을 가득 담은 것 같다. 그럴듯한 잼의 모습에 서로 뿌듯해하며 빵에 잼을 잔뜩 한 번 더 발라 먹고 서로 바라보며 웃는다.

그래, 살다가 조금 퍽퍽한 일 생겨도 오늘의 행복을 기억하며 달콤한 잼 슥 발라 야무지게, 달콤하게 해결하는 힘이 네 안에 자라기를 바라며! 한 입 더~

첫 요리_놀이1

재료 손질하는 꼬마 요리사의 하루

★ **발달 포인트** #오감발달 #일상즐기기 #지시수행능력 #분류하기 #결과보다과정

놀이 소개 아이에게 부엌은 싱싱한 재료들이 가득하고, 맛있는 것들이 만들어져 나오는 흥미로운 공간이에요. 오늘은 아이를 보조 꼬마 요리사로 부엌에 초대해보세요. 재료 손질부터 요리하기까지 부엌에서 이루어지는 모든 과정이 아이에게 즐거운 놀이랍니다. 자신이 손질한 식재료를 먹어보며 아이는 성취감을 느낄 수 있어요. 또한, 식재료를 만지고 다듬어 보는 과정은 아이의 집중력과 소근육 발달에 도움을 줄 뿐만 아니라 여러 음식을 친숙하게 여길 수 있어 편식 예방에도 큰 도움이 됩니다.

준비물 쟁반, 손질된 재료와 껍질 등을 분류해 담을 통, (깨 빻기용)절구

놀이 방법

* 장 본 재료를 다듬어요. 모든 재료를 한 번에 다듬지 않아요. 하루에 한 개씩 해요!

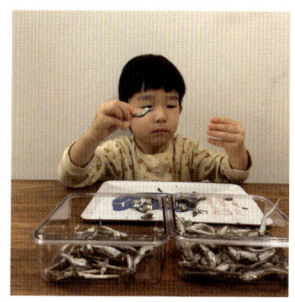

1. 멸치 손질하며 이야기 나누기

   1) **준비하기** : 머리와 내장을 담는 통, 손질된 멸치를 담는 통을 준비해요
   2) **손질하기** : 머리를 떼고, 등 부분을 갈라, 내장을 제거해요
   ※ 주의 : 큰 멸치는 가시에 손을 다칠 수 있습니다. 조심해 주세요.

"멸치 냄새를 맡아볼까? 어떤 냄새가 나?"

"멸치는 어디에서 살까?"

"이 까만 건 내장이라고 해. 여기에서는 쓴 맛이 난데!"

2. 시금치 손질하며 이야기 나누기

   1) **준비하기** : 시금치 잎 담는 통, 뿌리와 잔 잎 담는 통을 준비해요
   2) **손질하기** : 시금치 잎을 하나씩 떼어요. 뿌리와 상한 잎과 분류해 담아요.

"시금치 뿌리에 무엇이 묻어있지? 흙이네!"

"시금치는 무슨 모양이야? 이파리와 뿌리 냄새는 다를까? 맡아보자!"

"시금치 이파리를 똑똑 뗄 때 느낌이 어때?"

3. 완두콩 손질하며 이야기 나누기

1) 준비하기 : 콩깍지를 식초 물에 두세 번 씻어서, 소금을 한 꼬집 넣고 삶아요. 콩깍지와 콩을 분류해 담을 통을 준비해요.
2) 손질하기 : 콩깍지 사이를 열어 콩과 콩깍지를 분류해 담아요.

"콩깍지를 만져보니 느낌이 어때?"

"이 안에 무엇이 들어있을까?"

"콩깍지 속도 한 번 만져보자!"

"엄마 콩깍지에는 콩이 두 개가! 우리 아기 콩깍지에는 세 개나 들었네!"

"우리 콩을 먹어볼까?"

"달콤하고 맛있어!"

4. 깨소금 빻으며 이야기 나누기

1) 준비하기 : 아이 손에 잡히는 미니 절구와 (볶은) 깨를 준비해요
2) 손질하기 : 깨를 조금씩 넣어 빻아 볼 수 있도록 해요.

"이건 뭘까? 깨라고 하는 거야! 우리 음식 위에 톡톡 뿌려 먹는 거지~"

"하나 먹어볼까?"

"절구에 넣어서 빻으면 깨소금으로 만들 수 있어."

"깨를 빻으니까 소리가 난다 타닥타닥!"

"향도 나네!? 깨소금 향 어때? 우리 맡아보자~흠~"

5. 달걀 껍질 까며 이야기 나누기

> 1) **준비하기** : 달걀을 물에 삶아 준비 해요
> 2) **손질하기** : 달걀 껍질을 까 보아요

"달걀을 톡톡 식탁에 두드리니까 어떻게 되었어?"

"달걀을 반으로 쪼개니 속에 노란색 노른자가 있네!"

6. 쌀 씻으며 이야기 나누기

> 1) **준비하기** : 쌀 컵으로 쌀을 퍼서 씻을 통에 담아요.
> 2) **손질하기** : 쌀을 물에 헹구어 보아요.

"쌀통에서 컵으로 쌀을 퍼서 담아보자."

"쌀 씻은 물이 뿌옇게 되었네."

"엄마가 물을 버려 줄게. 우리 깨끗이 씻은 쌀로 맛있는 밥을 지어 볼까?"

놀이 플러스 ✦

- 처음에는 재료를 다루는 게 능숙하지 않아 많이 흘릴 수 있지만, 점차 놀이를 통해 아이의 소근육 움직임이 정교해지고 재료를 다루는 능력이 향상되니 여유로운 마음으로 기다려주세요.
- 엄마가 저녁을 준비하는 동안 재료를 하나씩 내어주며 부엌에서 같이 놀이를 할 수 있어요.
- 아이가 장 보거나 요리한 채소라고 무조건 먹는 것을 강요치 마세요. 채소를 하나 더 먹는 것보다 즐겁게 놀이하며 행복하게 먹는 순간이 쌓이는 것이 중요합니다.

첫 요리_놀이_2

조물조물 내가 만든 딸기잼

★ **발달 포인트** #탐구능력발달 #소근육발달정교화 #순서이해 #성취감

놀이 소개 꼭지 끝까지 익은 알이 크고 통통한 딸기 철이 지나갈 때쯤 마트에는 알이 작고 귀여운 딸기들이 등장합니다. 아이와 함께 이 딸기로 잼을 만들어요. 아이들은 요리를 통해 시각, 촉각, 미각, 후각, 언어적 표현 등을 발달시킬 수 있어요. 또한, 딸기를 으깨고 걸쭉해지는 변화 과정을 관찰하며 과학적 탐구 능력도 길러진답니다. 무엇보다 달콤한 딸기잼을 먹으며 행복한 마음이 더해지겠죠?

 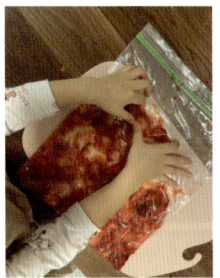 

준비물 딸기 500g, 설탕 400g(딸기와 설탕의 비율 1 : 0.8), 열탕 소독된 유리병, 지퍼백, 냄비, 도마, 아이용 칼

놀이 방법

1. 딸기를 식초로 깨끗이 씻고, 꼭지를 제거해요.

2. 아이와 딸기를 자세히 보고, 맛보고, 냄새 맡으며 탐색해요.
  "딸기 냄새를 맡아보자. 아, 달콤한 냄새!"

3. 딸기를 도마에 올려 어린이용 안전 칼로 잘게 잘라주세요.
  "딸기를 작게작게 잘라볼까?"

4. 지퍼백에 자른 딸기를 넣고 으깨요.
  * 지퍼백을 90% 정도 닫은 후 공기를 빼고 완전히 닫아주세요.

5. 자른 딸기와 설탕을 냄비에 넣고 졸여요.
  * 중약불에서 계속 저어가며 10분 이상 끓여요.
  * 덩어리를 찬물에 넣었을 때 풀어지지 않는 점도면 완성이에요.
  * 불은 위험하니 이 과정은 엄마가 해요.

6. 아이와 잼을 맛보아요.
  "빵에 발라 먹고, 요거트에도 넣어 먹자!"

놀이 플러스 ✛

- 요리에 실제로 들어갈 재료보다 넉넉히 사요. 아이는 충분히 먹고 나야, 재료를 요리에 양보할 수 있어요.
- 레시피가 있는 요리를 아이에게 정해진 대로 설명하기보다, 중간에 아이의 생각을 여는 질문을 하며 스스로 생각해 볼 기회를 열어주세요.
- 마무리 정리도 함께해 주세요. 요리의 시작과 끝을 모두 책임질 수 있도록 해요.
- 아직 손에 힘이 부족한 경우 물결 칼을 사용하여 재료를 자를 수 있어요.

31 첫 내 공간

젖병과 장난감 가득한 네 공간이 책들과 책상이 덩그러니 놓인 공간으로 점점 변해가겠지?
장난감 대신 채워진 너의 다양한 생각들을 존중할게.

우리는 아기가 태어나기도 전부터 아기의 공간을 고민하고, 누일 공간, 수유할 자리, 옷들을 정리해 둘 곳들을 깨끗이 하고 아기를 맞이했다. 신혼 때의 우리 집은 기억이 나지 않을 정도로 아기 물건으로 가득 찬 우리 집이 낯설기도 하다.

그런데 이제는 그 공간에 누워만 있던 아이가 부쩍 자라 온 방을 누비며 자신의 흔적을 남긴다. 작은 구석 저만의 아지트를 만들어 놓고는 인형 친구들을 불러 모으고, 갖가지 물건들을 나르며 스스로 자기 공간을 꾸미느라 분주하다.

베개, 인형, 이불, 장난감, 주스까지 가져다 놓고 한참을 들어가 놀이한다. 제법 집 모양새를 갖춘다. 왠지 그 공간에 들어갈 때는 노크를 하고 들어가야 할 것 같다. "똑똑, 들어가도 될까요?" "네, 들어 오세요". 아무리 몸을 꾸겨도 몸이 들어가지 않아 얼굴만 쏙 들이밀었다. 그런데, 이 아늑함 뭐지? 좋다. 아이도 이 아늑함을 즐기고 있었다고 생각하니 요 꼬물한 공간이 다르게 느껴진다.

한참 제 공간에서 놀던 아이가 아빠와 잠깐 산책하러 나갔다. 나가고 나니 집이 휑하고 빈 것 같다. 100cm도 안 되는 작은 아이가 이 집을 얼마나 가득 채우고 있었던 걸까? 너의 웃음, 몸짓, 이로 인해 이어지는 우리의 행복한 순간들이 이 집에 가득 스며 있었구나.

네가 자라나며 이 공간들도 점점 변해가겠지. 장난감 하나둘 떠나고, 나중에 큰 책상만 떡하니 자리 잡은 너만의 공간으로 변해버렸을 때, 이 순간을 잊지 않고 기억해야지. 함께 공간을 만들고 꾸몄던 순간을, 인형을 주려고 숨겨 놓아 눌러 붙어 버린 떡 뻥을 보고 피식 웃었던 이 귀여운 시간을.

| 첫 내 공간_놀이1 | # 테이프로 만드는 내 공간 |

★ **발달 포인트** #공간파악능력발달 #안정감 #상상력발달 #나만의공간

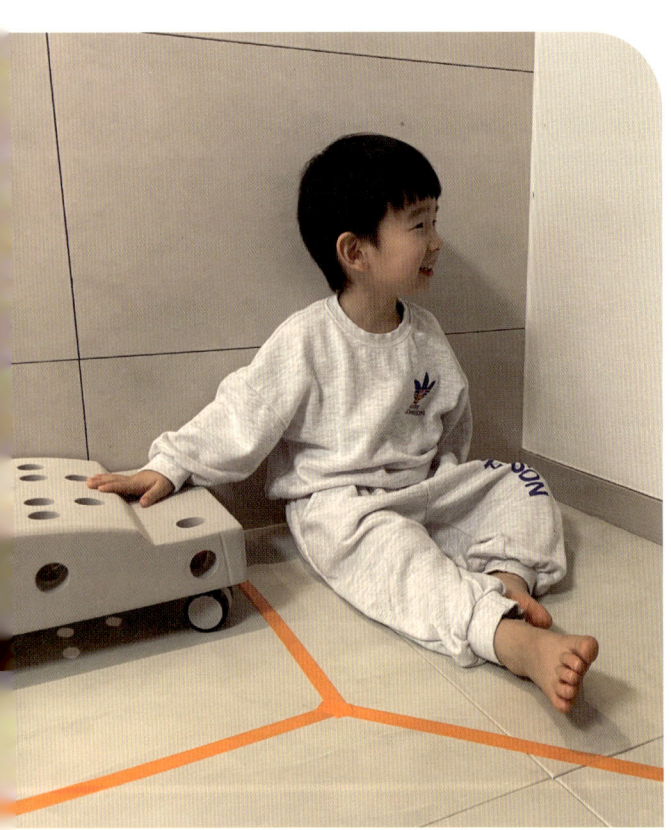

놀이 소개 아이는 엄마 배 속에서부터 감각 기관을 통해 자신이 속한 공간을 인지합니다. 자라면서는 스스로 공간을 탐색하고 돌아다니며 나와 공간 또는 공간 안에 있는 사물 간의 관계를 알아가죠. 이때 아이와 나만의 공간 만들기 놀이를 하면 공간 인지와 더불어 자신이 만든 공간에서 아늑함과 안정감을 느끼고, 공간의 주인이 되어 주도적으로 놀이할 수 있어요.

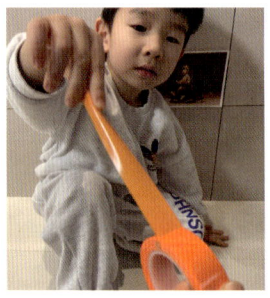 

준비물 마스킹테이프, 이불, 고무줄, 집게, 아이 사진

놀이 방법

1. 마스킹테이프를 가지고 놀며 장난감들의 공간을 만들어주어요.

    "마스킹테이프로 쭉 붙였더니 세모 모양의 집이 되었어!"

    "여기는 누구의 집일까요? 그래, 강아지 집이라고 할까?"

2. 아이의 공간을 마스킹테이프로 표시해 보아요.

    "이제 우리 자리를 만들어 볼까~? 어디가 좋을까?"

3. 자신의 사진으로 나만의 공간을 알리고 꾸며 보아요.

    "여기는 우리 아가 집이네!"

    "똑똑 들어가도 될까요?"

4. 나만의 공간에서 자유롭게 놀이해요.

    "우리 인형들도 초대해볼까?"

    "여기서 무얼 하고 놀고 싶어?"

놀이 플러스

- 자신만의 공간에 엉뚱한 물건을 가져다 놓아도 좋아요. 자신의 상상을 마음껏 펼칠 수 있도록 해 주세요.
- 베이비 룸, 의자, 낮은 행거, 이불과 빨래집게 등을 활용해서 천장이 있는 공간을 만들 수 있어요.

첫 내 공간_놀이2

상자 집 프로젝트

★ **발달 포인트** #예술표현발달 #상상력발달 #문제해결능력 #베이비인테리어

놀이 소개 상자처럼 용도가 정해지지 않고, 무엇이든 될 수 있는 비구조적인 놀잇감은 상상력을 자극하여 다양한 놀이를 창조해 낼 수 있는 좋은 재료가 됩니다. 재활용 상자를 집에 들여놓기만 해도 아이는 상자를 탐색하고, 들어가 보고, 뒤집어써 보는 등 활발한 놀이가 이루어져요. 아이와 함께 상자로 공간 구성 놀이를 해 보세요. 아이의 상상과 표현을 통해 상자는 우리만의 아주 특별한 공간으로 변신할 수 있어요.

준비물 (아이 몸이 들어갈 수 있을 만큼 큰) 재활용 상자 2개, 다양한 종류의 작은 상자, 송곳, 문고리용 끈, 알전구, 그리기 도구, 테이프

놀이 방법

1. 여러 크기의 상자를 탐색할 수 있도록 해요.

    "와 우리 몸보다 큰 상자가 있네? 어떻게 해볼까?"

    "상자를 다 열었더니 상자 속으로 통과 할 수 있네?"

2. 상자들을 연결해 방을 만들어 보아요.

    "여기는 누구 방일까? 작은 방은 인형 방으로 할까?"

    "이 방에서 저 방으로 어떻게 갈 수 있을까? 상자 사이에 구멍을 뚫어보자."

3. 아이와 상자를 색칠해 보고 꾸며 보아요.

    "우리 방을 꾸며 볼까? 어떤 색으로 칠해 볼까?"

4. 아이가 자신만의 공간을 마음껏 구성할 수 있도록 해주어요.

    "방 안에 어떤 것을 가져다 둘까?"

    "따듯하게 이불도 깔아줄래?"

5. 아이와 만든 상자에서 다양한 놀이를 해요.

    "똑똑, 들어가도 될까요?" "여기는 어딘가요?"

놀이 플러스 ✛

- 상자 천장에 내어 전구를 달아주면 좀 더 아늑한 느낌의 공간을 구성할 수 있어요.
- 전구를 달았을 경우 과열되지 않도록 조심해요.
- 상자를 자른 곳은 날카로울 수 있으니 테이프로 마감하여 안전에 유의해요.

32 첫 기저귀 떼기

생애 첫 이별,
한 시도 내 몸에서 떨어져 본 적 없던 너와의 안녕이라니 널 보낼 수 있을까.
기저귀야….

흔히 기저귀 떼기를 '배변 훈련'이라 부른다. '훈련'이라는 말이 들어가니 나도 모르게 비장해진다. 변기를 주문하고 아이의 뱃속 사정을 살피며 기저귀가 젖었는지를 수차례 살펴보며, 기다린다, 기다린다…. 그러다 결국 마음 급한 엄마는 서둘러 훈련 개시를 외치고 배변 훈련에 돌입한다.

그런데…, 그러지 말 걸 그랬나? 너의 속도보다 내 마음이 앞서니, 마음만 급히 달려가고 있다. 아이를 차근히 기다려야 하는데, 너의 신호를 읽지 않고, 나의 계획대로 끌고 가고 있다. 변기에 앉아봐, 기저귀는 이제 그만이야~라고 하며 나도 모르게 아이를 보채게 된다. 열 개 남은 저 기저귀 개수가 너무도 야속하다. 남은 걸 다 쓰면 정말이지 기저귀 떼기에 성공해야 할 것만 같아서.

엄마의 급한 마음을 눈치 챈 아이는 변기에서 더 멀어지는 것 같다. 그래서 후퇴를 외치며 전략 수정. 내 속도 말고 네 속도대로 다시 가보자! 하고 다짐하며, 기저귀 한 팩을 더 주문했다. 마음이 이리 편안할 수가. 기저귀를 못 떼는 건 네가 아니라 나였나 보다.

그리고 며칠 후 아이가 별안간 변기에 쉬를 하고는 앉아서 나를 올려다본다. 아이러니하게도 그렇게 우리는 기저귀를 졸업했다.

기다리면 되는 일을, 배변 '훈련'이라는 말에 지레 겁먹고 혼자 얼마나 비장했던가? 어른들 말씀대로 때가 되면 한다는 그 말을 아이를 키우며 조금씩 깨달아간다.

후문으로 아이가 응가는 다시 기저귀에만 하겠다고 우긴 덕분에 결국 추가로 주문했던 기저귀까지 야무지게 잘 썼다고 한다. 여러 차례 밤 실수와 변기에 앉는 게 두려워 생긴 변비까지 해결하느라 여전히 진행 중인 배변 훈련이지만, 그래도 팬티 입은 몰랑한 엉덩이를 볼 때면 귀엽고 대견하다. 너도, 나도! 이제 너의 첫 팬티를 고르러 가자!

| 첫 기저귀 떼기_놀이1 | # 기저귀 빠이 빠이 |

★ **발달 포인트** #배변능력발달 #창의력 #눈손협응능력 #균형감각발달 #친숙한물체탐색

놀이 소개 기저귀를 떼는 일은 쉽지 않아요. 아이는 기저귀와 이별하는 과정에서 실수하고, 좌절하는 경험을 합니다. 이러한 과정을 통해 스스로 극복해 나가며 결국에는 자율성과 성취감을 발달시켜요. 또한 배변훈련은 자존감 형성에 매우 중요합니다. 큰 도전의 순간인 기저귀 떼기를 놀이로 즐기며 충분히 기다리고 응원해 주세요.

준비물 기저귀, 끈

놀이 방법

1. 기저귀를 탐색해 보아요.

"오늘은 우리 기저귀로 놀이를 해 보자!"

"기저귀를 만져보자. 기저귀를 돌돌 말아볼까?"

2. 기저귀를 돌돌 말아 다양한 모양을 만들어 보아요.

"엄마가 기저귀를 버릴 때처럼 돌돌 말아보았어."

"우리 기저귀를 높이 쌓아 볼까?"

"기저귀를 기차처럼 길게 놓아보자."

"기저귀로 하트도 만들 수 있네."

3. 기저귀로 케이크를 만들어보아요.

"기저귀를 쌓아 케이크를 만들어보자."

"기저귀야, 그동안 내가 쉬랑 응가를 편하게 할 수 있게 해 주어서 고마워."

4. 기저귀를 통에 골인시키며 작별인사를 나누어요.

"이제 우리 기저귀를 던져서 통에 골인시켜볼까?"

"기저귀야 잘가~ 안녕~ 해보자."

> **놀이 플러스**
> - 배변 훈련에는 단계가 있어요. 아이에 따라 단계도 다르게 적용되기도 하고, 단계를 순서대로 거치지 않고 다시 역행할 수도 있어요. 아이를 '관찰'하고 아이의 욕구에 맞추어 진행하는 것이 가장 중요해요.
> - 처음에는 변기에 한 번 앉아만 보고 앉아서 배변 훈련과 관련된 책을 읽으며 익숙해져요. 배변을 강요하지 않아요.

첫 기저귀 떼기_놀이2

팬티야 반가워!

★ **발달 포인트** #자아존중감발달 #성취감 #긍정적신체인식 #건강한배변습관

놀이 소개 팬티를 맞이하는 놀이를 해요. 오랫동안 기저귀를 입으며 생활했기 때문에 기저귀를 뗀다는 것은 아이에게 분리의 경험으로 다가와 힘들 수 있어요. 따라서 아이에게 기저귀와는 분리되지만 '팬티'를 만나게 된다는 것을 알려주세요. 놀이를 통해 아이가 만든 팬티를 가랜드로 걸고, 팬티를 입는 날 기념 축하 파티를 열어주면 팬티 입는 것을 행복하고 즐거운 일로 받아들일 수 있습니다.

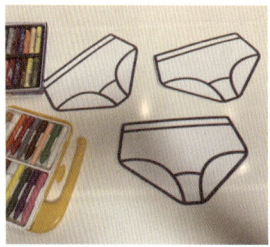  

준비물 팬티 모양의 종이, 끈, 집게, 실제 팬티

놀이 방법

1. 종이에 팬티 모양을 그려 아이에게 소개해요.

    ★ 가위질을 할 수 있는 아이는 안전 가위로 팬티 모양을 잘라 보아요.

2. 나만의 종이 팬티를 만들어요.

    "우리 멋진 나만의 팬티를 만들어 볼까?"

    "어떤 색이면 좋겠어? 좋아하는 색으로 색칠해 보자."

    ★ 팬티를 살 때 이때 아이가 말한 팬티의 모양, 색을 반영해요

3. 종이 팬티를 기저귀 위에 대고 뽐내 보아요.

    "직접 만든 팬티를 대 보니 어때?"

    "팬티 입은 모습이 멋진데?"

4. 종이 팬티와 실제 팬티를 가랜드로 걸어주고, 축하해요.

    "이제 우리가 팬티를 입게 되었구나!"

    "기저귀 뗀 것 축하해"

    "좋아하는 캐릭터도 그려줄까?"

    ★ 가랜드 위에 응원의 말을 적어 주세요.

    [기저귀 뗀 걸 정말 축하해!]

놀이 플러스

- 배변 훈련에 도움이 되는 책을 소개해요.

- 아직 완벽하게 배변 훈련이 되지 않은 상황에서 외출 시, 방수팬티를 입는 것도 도움이 됩니다.

육퇴클럽

어떻게 책을 읽어주어야 할까?

> 어릴 때부터 책을 읽어야 하는 이유가 있을까요?

어른들도 마찬가지지만, 아이들에게 책은 자기 세계를 점차 확장 시켜나가도록 도와주는 매개체에요. 우선 책에 나오는 그림과 내용에 푹 빠져 책 자체의 즐거움을 경험할 수 있어요. 또한 책에 나오는 주제 및 소재를 중심으로 아이의 관심사가 끊임없이 이어질 수도 있어요. 아이가 책을 가까이하는 경험을 통해 책에 대한 자기만의 취향이 만들어지고 그러한 경험이 아이를 다시 책에 빠져들게 해요. 한 번이라도 책에 푹 빠져본 경험이 있는 아이가 어른이 되어서도 책을 사랑하게 된답니다.

엄마 품에서 책 보는 5개월 아기

산책 장소에서 책 보는 12개월 아기

소파에 앉아 책 보는 24개월 아이

> 아이가 책에 오래 집중하지 못하는 것 같아요. 그래도 끝까지 읽어줘야 할까요?

아이에게 책을 읽어줄 때 조심할 점은 책에 대한 강박을 내려놓는 거예요. 대표적으로, 한 권의 책을 처음부터 끝까지 다 읽어주어야 한다는 것이 있지요. 아이와 그림책을 읽을 때는 굳이 처음부터 끝까지 읽지 않아도 좋아요. 책장을 넘기는 과정 중 어떤 한 장면에 아이의 시선이 머물고 몰입 하였다면 그걸로 충분해요. 표지만 즐겨도 좋아요! 표지 자체가 작가가 그린 하나의 그림 작품이기 때문이에요. 그걸로 충분해요. 작품 감상을 했다 셈 치고, 책을 즐길 수 있을 만큼만 그 순간에 머무르세요. 아이는 책을 읽는 것이 아니라 책이랑 노는 것을 더 좋아해요. 말 그대로, 책을 물고, 뜯고, 맛보고, 즐기는 기회를 주세요.

눈으로 목욕놀이책 보기

손으로 팝업책을 넘기기

입으로 헝겊책을 즐기기

육퇴클럽

> 아이가 한 가지 책만 열심히 읽어요. 괜찮을까요?

　다양한 책을 소개해주고 싶은 엄마의 마음과 다르게 아이는 한 가지 책만 자꾸 찾는 게 걱정되신다고요? 걱정하지 마세요. 진짜 괜찮습니다. 한 가지 책으로도 아이는 깊이 있는 정보를 받아들일 수 있고 다양한 정보들을 서로 연결 지어 확장할 수 있어요. 예를 들어, 자동차와 관련된 책을 통해 아이는 다양한 자동차의 역할, 차와 관련된 일을 하는 사람들, 신호등과 각종 표지판 등으로 관심과 흥미를 넓혀갈 수 있어요. 이러한 경험은 다른 주제의 책에 빠졌을 때 다시 비슷한 과정으로 전이될 수 있어요. 이후 새로운 책을 만날 때마다 그 책을 온전히 몰입하여 읽어내고 생각의 깊이를 만들어가는 경험을 이어갑니다.

사운드북에서
오리가 나오는 장면 찾기

책표지에 나오는 구름을
실제로 찾기

달 관련 책을 보며
달모양으로 뻥과자 먹기

어떤 책을 사면 좋을까요?

　전집, 단행본? 요즘은 너무도 책이 많아서 어떤 책을 골라주어야 할지 고민이 되신다고요? 우선, 아이의 개월 수와 발달에 맞는 책을 고르는 것이 중요해요. 0~12개월 아기들은 구강기이기 때문에 물고 빨아도 안전한 책, 다양한 감각을 활용하여 탐색할 수 있는 책, 의성어와 의태어가 많은 책 등을 기준으로 두고 책을 골라 주어요. 12~24개월이 되면 알고자 하는 것이 많아지며 주변 세상에 관심을 갖게 되죠. 이 시기엔 생활에서 일어나는 일들이 담긴 생활동화나 동물, 주변의 자연 현상에 대해 알아 갈 수 있는 정보그림책 등으로 골라주면 좋아요. 일단 책을 많이 사두어야 한다는 생각에서 벗어나세요. 아이가 좋아하는 책을 알아가는 여행을 떠난다는 생각으로 아이가 선호하는 책을 알아보아요. 처음에는 스테디셀러로 자리 잡은 그림책으로 시작해 보는 겁니다. 그중에서도 아이가 유난히 잘 보거나 관심을 두는 책이 있다면 그 작가의 다른 책을 구매해 볼 수 있어요. 도서관이나 서점에 자주 방문하여 아이가 흥미롭게 반응하는 책이 무엇인지 자세히 관찰해 보세요. 그러한 책 속에서 아이의 관심사와 취향이 보인답니다.

도서관과 서점, 책장에서 아이의 관심사 관찰하기

육퇴클럽

> 좋은 책에 관한 정보는 어디에서 얻을 수 있나요?

그림책과 관련한 상을 받은 책(한스 크리스티안 안데르센 상, 아스트리드 린드그렌 메모리얼 상, 카네기 메달 포 일러스트레이션 상, 칼데콧 상 등), 베스트셀러 등을 찾아보면 우리 아이에게 알맞은 그림책을 골라 줄 수 있어요. 좀 더 다양한 책의 종류에 관심이 생긴다면, 그림책박물관 사이트(https://www.picturebook-museum.com/)에 접속해서 나이별, 주제별 추천하는 책 정보를 찾아보는 방법도 있답니다.

그림책박물관 홈페이지

> 아이가 책에 관심을 가질 수 있는 환경을 구성하는 팁이 있을까요?

아이의 시선이 늘 닿는 곳에 책을 전시해두면 좋겠지요? 책꽂이장과 그 주변을 아늑하고 편안한 분위기로 연출할 수 있도록 쿠션이나 놀잇감, 카펫을 배치할 수도 있어요. 무엇보다 책의 표지가 잘 보일 수 있도록 이젤이나 전면도서장을 활용해 보세요. 그 밖에도 책을 아이 방이나 거실뿐만 아니라 아이의 손이 닿는 곳곳에 숨바꼭질 하듯이 배치하는 방법도 좋습니다. 아이가 책을 가까이 할 수 있도록 다양하게 배치해본 책보기 환경 사진을 소개해볼게요.

아이 관심사에 따른 주제별 모음

복도 한쪽에 회전식 책꽂이장

소파 위쪽에 책 전시

침대 옆 책꽂이투명함

침대 안 책바구니

식탁 위에 독서대

계절의 우리, 계절의 놀이
: 일상을 담은 계절 놀이

들어가는 글

계절을 즐길 수 있는 놀이가 궁금해져서 장을 열어보셨죠? 환영합니다!

주변을 돌아볼 여유가, 잠시 하늘을 올려 볼 찰나가 없었다면 여기서 우리 잠깐 숨 고르기 해 보아요. 아이와 함께 손잡고 걸으며 오늘의 계절을 느끼면서 말이에요.

계절은 언제나 우리를 감싸고 있지만 힘을 빼고 머무를 때 계절의 색은 더 아름답고 선명한 색으로 다가옵니다. 산책길에서 짧아지는 해를 보며 겨울이 가까이 왔음을, 순식간에 푸릇해지는 나뭇잎을 보며 여름이 오고 있음을 온몸으로 경험하기도 합니다. 또 길가에서 만난 계절의 열매, 나뭇가지, 흙, 돌멩이들은 아이에게 풍요로운 놀이를 선물해주죠.

아이에게는 시원한 가을 날 엄마와 함께 손을 잡고 걷는 것, 따듯한 봄 날 길가에 핀 예쁜 꽃을 바라보며 웃음 짓는 것. 모두가 다 행복한 놀이에요. 아이가 가는 곳으로 함께 흘러가며 아이의 시선에 머물러보세요. 늘 엄마를 종종걸음으로 쫓아오던 아이에게 주도권을 내어주고, 눈높이를 맞추어 보면 계절의 모든 것이 다르게 다가올지도 몰라요.

아이가 가는 곳으로 함께 흘러가며 아이의 시선에 머물러보세요. 늘 엄마를 종종 걸음으로 쫓아오던 아이에게 주도권을 내어주고, 눈높이를 맞추어 보면 계절의 모든 것이 다르게 다가올지도 몰라요.

다시 오지 않을 오늘의 계절, 아이와 나만의 행복한 추억을 만들어 볼까요?

봄

말간 너의 미소는 봄날의 햇살 같아.
햇살 담아 포근해진 마음으로 기록해 보는 봄 이야기

아기를 낳기 전에는 꽃을 받는 것도, 사는 것도 퍽 좋아하는 꽃순이였다. 그런데 이제는 밤낮 가리지 않고 우는 네 덕에 머리에 꽃을 달고 사는 기분이다. 출산을 축하해 주는 꽃바구니마저도 제자리를 못 찾고 결국엔 친정행. 너에게 꽃가루가 날릴까, 향이 진해 놀라진 않을까? 걱정 어린 마음에 예쁜 꽃은 눈으로만 꼭꼭 담고 보내준다. 이렇게 엄마가 되어가는 걸까? 내가 좋아하는 것보다 널 먼저 생각하니 말이다.

꽃을 마음껏 즐기진 못해도 봄이 오니 설레고 두근댄다. 봄바람 나듯 들뜬 마음으로 새벽에 아기를 재우고 괜히 인터넷 쇼핑몰을 몇 번이고 들락날락거린다. 살랑거리는 봄 원피스 하나 사볼까? 하고. 그런데 현실은 수유에 가장 적합하다는 우스운 옷 입고 창문 바라보며, 엄마의 봄날은 지나간다.

그래도 사랑하는 봄을 이렇게 보낼 순 없지! 벚꽃 축제는 못 가지만 너와 집 앞에 "봄 냄새 맡으러는 가보자" 하고 계획을 세운다. 아기의 수유 시간, 낮잠 시간, 챙겨가야 할 것들을 머릿속으로 시뮬레이션을 몇 번이고 돌려 가장 적합한 시간에 아기 띠를 두르고는 집을 나섰다. 응, 역시 계획은 틀어져야 제맛. 나서자마자 아기는 잠이 들어 버렸네. 봄꽃을 구경시켜주려 했건만.

그래도 따스한 햇볕과 향긋한 꽃냄새 속에서 잠이 들었으니 너도 봄 꿈꾸고 있겠지? 엄마도 꿈꾸듯 봄에 더 빠져볼게.

#봄 놀이조각 1. '아기는 산책하며 뭘 느낄까?'

아기를 데리고 밖에 나가기가 쉽지 않지만, 아기에게는 익숙한 집을 나서는 순간부터 모든 것이 새로운 경험의 시작이기에 산책을 자주 하는 것이 좋아요. 집안과 다른 바깥 공간에서의 소리의 울림, 향기, 엘리베이터가 오르고 내리는 느낌, 산책하며 보게 되는 수많은 다양한 사람들, 유모차를 타고 느껴 보는 도로의 울퉁거림, 바닥에 누워서가 아닌 아기 띠에 매달려 바라보는 새로운 높이에서의 사물과 마주침, 이 모든 것들이 아기의 호기심을 자극하죠. 밖에 나가 아기 손에 살짝 쥐여 준 꽃잎은 손에 닿는 순간 아기와의 관계 맺음이 시작됩니다. 그저 숱하게 뿌려져 지나치는 꽃잎이 아닌 내가 직접 만져보고 느껴 본 직접 경험한 꽃잎이 되는 거죠. 이런 순간들이 쌓여 아기의 두뇌의 시냅스 연결을 풍성하게 하고 감각을 발달시킬 수 있게 됩니다.

너보다 예쁜 꽃이 있을까?

꽃을 보러 가서도 품속에서 잠든 아이가 어느새 커서 나에게 꽃을 들고 온다. 꽃을 주면 행복해지는 걸 아는 걸까? 저 멀리서 자기 몸집만 한 꽃다발을 들고 달려오는 네 얼굴에 미소가 가득하다. 꽃보다 더 환히 보이는 네 얼굴. 뒤에서 꽃을 전달해달라고 아기에게 부탁한 남편의 공이 느껴지니 그 또한 감사하다.

아이가 준 꽃을 더 특별하게 누리고 싶어 아이와 꽃꽂이해 본다. 꽃다발을 풀러 식탁 가득 놓아본다. 아이는 옆에서 '와아' 하고 꽃을 바라보며 웃는다. 아름다운 꽃을 본능적으로 알아보고 감탄하는 걸까? 화병에 꽃을 툭툭 꽂아본다. 무질서 속에 생긴 질서가 제법이다. 아이들은 타고난 예술가가 맞구나! 이렇게 만들라고 해도 만들기 어려운 꽃꽂이 모양새가 나온다. 이것이 바로 현대미술. 아이의 작품과 함께 우리 주변이 향긋해지고 색색의 꽃이 우리를 감싸니 우리 집이 그야말로 꽃밭이네. 우리 아기 어디 갔나~? 누가 꽃인지 우리 아기인지. 못 찾겠어!

봄을 제대로 즐기는 중이다. 보고, 먹고, 만지고, 냄새 맡고, 더워지기 전에 이 봄을 즐겨야지! 떨어진 꽃잎 손등에 올려보고, 가제 수건에 이파리를 콩콩 빻아 보고, 꽃잎 떼어 가까이 들여다보며 종이에 가득 붙여 꽃과 놀이한다. 화분에까지 그림을 그려가며 즐기는 이 봄을 놓치기 싫은 엄마의 귀여운 욕심!

 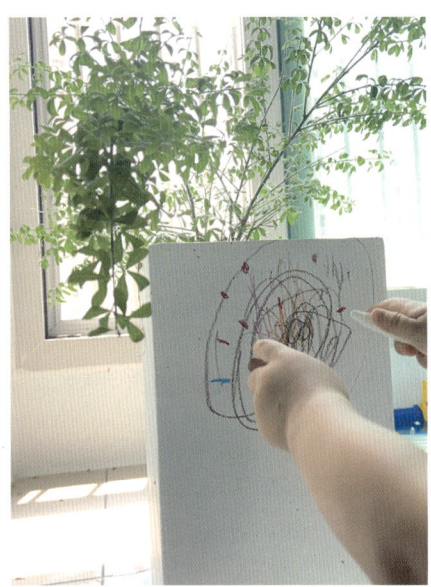

우리 집도 꽃밭, 바깥도 꽃밭이니 봄의 한가운데 있는 것이 실감 난다. 아이와 산책하다 바람을 타고 불어온 아카시아 향이 콧속을 살짝 스친다. "나 여기 있어"라고, 어디선가 외치는 것 같아 돌아보니 총총히 달린 아카시아 꽃잎이 반짝거리고 있다. 한 꼭지 떼어내 아이와 흐음~ 깊이 향기 맡으니 온몸 구석 아카시아 향이 스민다. 아이도 느꼈을까? 이 와중에 나는 아름다운 생각을 비집고 먹는 생각을 해본다. 요 녀석으로 간식을 만들어볼까? 그래 오늘은 너다!

#봄 놀이조각 2. 식탁에 차려본 봄 '아카시아 튀김'

봄의 한 조각을 먹어볼까요? 아카시아꽃과 얼음물 1컵, 튀김가루 1컵과 식용유만 있다면 근사한 아카시아 튀김 간식을 만들 수 있습니다. 아카시아꽃을 깨끗한 물에 살살 씻어 키친타올월로 물기를 제거해 주세요. 얼음물과 튀김가루를 섞어 반죽 하고, 반죽옷을 입힌 후 식용유에 튀기면 끝! 겉은 바삭 속은 촉촉 게다가 아카시아 향까지 더해지니 봄을 즐기기 이보다 더 좋을 수 있을까요?

#봄 놀이조각 3. '손등에 피어난 꽃'

벚꽃이 흐드러지게 핀 어여쁜 봄날, 아이와 함께 바깥으로 나가 떨어진 꽃잎을 주워보아요. 핸드크림을 손등에 바르고 꽃잎을 툭툭 얹으면 어느새 내 손등에도 예쁜 꽃이 피어나요. 내 손등에 꽃을 붙여보며 아이는 꽃과 하나가 되는 경험을 할 수 있어요.

꽃은 겨우내 봄을 기다리며 자신의 때가 왔을 때 꽃망울을 터뜨린다. 그 과정을 못 기다리고 꽃망울을 억지로 열어버리면 꽃은 제 시절 누리지 못하고 져버린다. 봄의 꽃들을 바라보며 육아를 배운다. 벚꽃 잎 쫓으려다 아이가 넘어질 듯 뒤뚱거리는 아이를 넘어지기도 전에 안아 일으켜 세워주고 내가 다 나서서 해 주고 싶지만, 꾹 참아본다. 아이는 손 털고 일어나 스스로 앞으로 나갈 힘을 기르며 제때를 찾는 중일 테니. 때가 오면 눈부시게 피어날 아이의 시간을 기다리며 조금씩 아이에게서 힘을 빼고 묵묵히 바라보며 응원해야지.

여름

차오른 나뭇잎 사이로 부서지는 햇살의 눈부심,
땅 위로 올라오는 열기에 빨갛게 달아오르는 두 볼,
몇 걸음 지나지 않아 송글송글 맺히는 땀,
두근거린다.
너와 함께 천천히 느끼고 머무르며 이 계절이 더 선명해질 것 같아서.

밤 새 이불을 몇 번이나 걷어차며 뒤척였는지 모르겠다. 저절로 오늘의 날씨를 검색해 보게 하는 무더운 아침. 환기를 하려고 창문을 여니 바깥 풍경은 꽤나 싱그럽다. 나무가 햇살을 머금고 더 깊은 초록 옷으로 갈아입었고, 매미 우는 소리는 돌림노래로 들려온다. 더위를 느끼기도 전에 자연은 이미 여름의 문턱을 저만치 넘어서 있었다.

슬몃 뒤돌아 아이를 바라본다. 10월생인 너는 처음 마주하는 계절. 살결에 닿는 햇빛이 이렇게 뜨거울 수 있다는 걸 처음 알게 되겠지? 차오른 나뭇잎 사이로 부서지는 햇살의 눈부심, 땅 위로 올라오는 열기에 빨갛게 달아오르는 두 볼, 몇 걸음 지나지 않아 송글송글 맺히는 땀. 두근거린다. 너와 함께 천천히 느끼고 머무르며 이 계절이 더 선명해질 것 같아서.

아이와 함께 느끼는 여름비의 낭만

여름의 날씨는 다채롭다. 쨍– 한 햇빛이 가득한 날들 가운데 어두운 색채와 무거운 공기로 가득 차 몸도 마음도 축 늘어지는 날 또한 존재하는 걸. 하나, 둘. 토독토독 창문에 부딪힌 여름비의 방울이 또르르 굴러 떨어진다.

동그란 눈을 빛내며 커다란 거실 창을 유심히 들여다보는 아이. 불어오는 바람을 따라 예측할 수 없는 방향으로 날아오는 빗방울 전주곡이 시작됐다. 그 모습을 연신 이리저리 쫓던 너와 눈이 마주친다. 벌어진 입 사이로 흘러나오는 무음의 탄성! 말하지 않아도 안다. 신기하지? 엄마는 어느새 너와 비 오는 순간을 공유할 수 있게 되었다는 것이 더 신기해.

그렇게 여러 번의 비를 지나, 아이와 나는 우산 속을 하게 걸을 수 있게 되었다. 스스로 들겠다며 커다란 우산을 들고 낑낑 거리는 모습이 우습고 귀엽다. 우산에 투둑! 떨어지는 빗소리를 듣더니 고개를 들어 두리번 두리번 소리의 근원을 찾기도 한다. 우산 아래로 왠지 신나 보이는 발걸음이 물 웅덩이 쪽으로 향한다. "어어— " 참방! 결국 발을 담군다. 그다지 깊지 않지만, 조그만 너의 발은 그 안에서 자유로이 헤엄친다. 사방으로 물을 튀기고 양말이며 옷이며 젖은 모습에 한 숨이 나오려는 찰나, 씨익 올라가는 장난스런 입꼬리와 휘어지는 눈웃음에 한 숨은 웃음으로 번진다. 에라, 모르겠다. 좀 젖으면 어떠랴. 우산을 쓰는 둥 마는 둥 꽁냥꽁냥 비 오는 거리를 걸어가는 여름 밤. 이런 게 여름이 줄 수 있는 시원한 낭만이지.

#여름의 놀이 조각 1. 오감으로 여름의 비를 즐겨요.

여름의 비에 온 감각을 세워 다가가 본 적 있나요?
　아이와 함께 창 밖에 내리는 비를 바라보세요. 바람에 따라 날리는 빗방울을 눈으로 요리 조리 따라가다가, 창문에 부딪힌 빗물의 흔적을 손가락으로 그려보아요. 그러다가 빗소리를 귀기울여 들어볼까요? 주륵주륵, 쏴아, 똑똑, 주르르르… 아이에게 다양한 표현을 들려 주거나, 어떤 소리가 들리는지 물어보는 것도 좋아요. 밖으로 나갈 수 있다면 우비, 우산, 장화를 챙겨 비를 더 가까이에서 느껴보세요. 우산 밖으로 손을 벋어 손 끝에 닿는 빗물의 촉감과 온도를 느끼며, 여름 비의 한 가운데서 아이와 함께 즐거움을 노래해 보아요.

여름 바다에 물드는 우리

철썩- 철썩-

진짜… 바다에 왔다. 남편과 나는 노는 것에 있어서 무계획의 아이콘이다. 오늘 부산에 가고 싶다고 말하면, 아무런 준비 없이 서울에서 부산까지 직행하는 부부. 아이를 낳고 나서는 그 무모함이 사그라들었다 생각했는데 웬걸? '바다' 라는 한 마디를 쏘아 올렸다가 아이와 함께 끝없이 펼쳐진 수평선을 바라보고 있는 모습이라니.

갈아입을 옷 하나 없어도 기왕 바다에 왔으니 요 작은 아이에게 놀라운 경험을 선물해 줘야지. 장우산 하나 모래에 꽂아 두고 각자의 양말과 신발을 아무렇게나 걸쳐둔 모습에 웃음이 난다. 커다랗고 튼튼한 파라솔은 아니지만, 펼쳐 둔 작은 우산 속에 우리 셋의 행복이 가득 차 있는 것만 같아서 사진으로 남겨본다.

두근두근. 너의 발이 처음으로 바다에 닿았다. 긴장한 걸까? 꾸욱 눌러 심은 콩 마냥 모래에 박혀 있는 열 개의 발가락. 얕은 파도가 발등을 간지럽히고 도망가면 잔뜩 힘이 들어간 너의 작은 발가락이 드러났다. 한 동안 그 자리에 가만히 서서 모래알이 스러져 감아 나가는 물의 흐름을 몇 번이나 느끼는 모습이다. 꼼지락 꼼지락 움직이던 한쪽 발을 들어 앞으로 내밀어 본다. 물살에 휘청– 멈칫! 하더니 이내 꺄– 하고 소리지르며 자연스레 새로운 물길을 헤쳐 나아간다.

#여름의 놀이조각 2. 바다, 있는 그대로의 놀이터

아이와 바다를 더 재미있게 즐겨 볼까요?

엄마의 발 위에 아기 발을 올린 뒤 물 속에서 걸어 보아요. 서로의 맨 살결이 마주하며 바닷물에 닿는 느낌을 함께 느낄 수 있어요.

바다의 파도, 모래, 돌멩이, 조개, 해초와 같은 자연물은 모두 아이에게 즐거운 경험을 선물해 주어요. 눈으로 관찰하고, 만져보고, 짠 냄새도 맡아보고, 머리에 척 뒤집어도 써 보아요. 이렇게 바다에 존재하는 자연물들을 만나며 새로운 세상과 물질을 즐겁게 알아가요.

　발목까지 넘실거리는 얕은 물결에 충실했던 1년 전과는 달리, 아이의 눈과 손이 바삐 움직인다. 돌멩이도 줍고 조개껍질도 줍고, 파도에 휩쓸리며 살아 움직이는 모든 것들을 신기하게 바라본다. 손바닥으로 물을 팡! 치는가 하면, 가만히 파도 소리를 듣기도 하고 가끔 얼굴에 바닷물을 칠하며 짠 맛도 본다. 바다라는 자연에 흠뻑 빠져들어 온 몸을 적시는 너의 모습에, 자연은 가장 좋은 놀이터라던 두루뭉술한 말이 훅— 다가온다. 바다 안에서 윤슬을 헤치고 놀던 아이가 나를 보고 배시시 웃는다. 어쩜 저렇게 환하게 웃을 수 있을까? 바다에 쏟아지는 햇살보다 더 눈부시다. 순간을 한 껏 즐기다 보니 어느새 뉘엿뉘엿 해가 넘어간다. 그렇게 여름 바다에 물든 아이와 나의 머리끝에, 노을이 따스하게 물들어 간다.

#여름의 놀이조각 3. 화려하지 않아도, 완벽하지 않아도

바다는 화려하지 않고 완벽하지 않아 보이지만, 알고 보면 가장 완벽한 자연이기에 큰 힘이 있는 것 같아요. 물놀이를 위해 수영복과 튜브를 신경써서 챙기거나 멋지고 좋은 장소를 열심히 찾아가도, 아이의 기억 속에 남아 있는 것은 햇살 속에서 첨벙대며 행복하게 웃음짓던 엄마의 눈빛이래요. 그런 의미에서 올 여름에는 준비를 덜어내고 마음을 더해 물놀이에 풍덩 빠져 볼까요? 여름 바다에서 아이와 함께 온전히 머무른 순간 순간을 모아, 세상 그 어디에도 없는 추억을 만들어가요.

가을

여름내 뜨거웠던 마음 한 김 식히고,
까맣게 탄 팔다리 긴 팔 옷 아래 쉬게 해주고
가을을 느껴 보자. 지금, 이 가을

무심코 반소매를 입고 나갔다. 찬 기운 한 점 물고 온 바람이 반 팔 사이로 서늘하게 지나간다. 날씨에 놀라 후다닥 다시 들어와 겉옷을 챙긴다. 가을이 왔구나. 언제 이렇게 시간이 흘렀지?

엄마가 되기 전에는 계절의 변화를 따뜻한 커피를 주문하는 그 어디쯤에서 깨달았다. 엄마가 되니 계절의 변화는 아이의 겉옷을 챙기기 위해, 놀이터에 나가 놀 수 있는 날씨인가 아닌가를 가늠하려 더 서둘러 파악하게 된다. 아이 덕분에 자연이 가져오는 변화에 민감한 사람이 되어간다.

놀이터에서 놀기 가장 좋은 계절, 가을이 참 반갑다. 한참을 던지고 밟고 놀 낙엽이 지천으로 깔려있고, 시원한 바람은 신나게 논 아이의 땀을 식혀주니 참 좋다. 아이는 파랗다 못해 시리고 높은 하늘을 배경으로 한바탕 놀이 한다.

금방 어둑해진다. 여름엔 숨도 안 쉬어지는 더운 공기 속에 갇혀, 내내 놀았는데도 대낮 같던 7시가 너무 야속했다. 그런데 가을은 어느새 해가 짧아져 금세 어두워진다. 깜깜하다는 걸 핑계 삼아 아이에게 서둘러 집에 들어가자고 꼬드겨 일찍 재우는 게 가능해진다. 덕분에 내 밤이 길어지니 여러모로 참 반가운 가을이다.

#가을 놀이조각 1. 소리 산책을 떠나 보아요.

가을이 들려주는 소리를 찾아 소리 산책을 떠나 보아요. 바람 소리, 낙엽이 바람과 부딪히며 내는 소리, 우수수 낙엽이 떨어지는 소리, 바짝 마른 낙엽을 밟을 때 나는 소리, 비 온 뒤 축축해진 낙엽을 밟을 때 나는 소리. 가을이 들려주는 소리는 가을의 색만큼이나 다채로워요. 아이와 함께 소리에 집중하며 가을 산책을 해보세요. 청각이라는 하나의 감각에 오롯이 집중하는 경험은 아이에게 새로운 시각과 집중력을 제공하고, 두뇌 발달을 자극해 줍니다.

책 읽으며 풍성해지는 가을

가을에는 아이 손을 꼭 잡고 더욱 자주 도서관에 간다. 가을이 짙어질수록 밖에서 오래 놀기엔 추우니, 좀 놀다가 쉴 곳을 찾아 도서관으로 총총 뛰어간다. 밖에서 내내 놀다 들어가면 옷에, 머리카락 사이에, 귓등에 언저리에 서늘한 공기가 남아서일까? 유난히 도서관이 더 따듯하고 포근히 느껴진다.

아주 잠깐이나마 너는 책을 보고, 나는 내가 보고 싶은 책의 한 장을 넘긴다. 이 찰나의 여유를 얻기 위해 얼마나 숱한 빵조각들을 흘려 왔던가. 마치 헨젤과 그레텔이 과자 부스러기를 힌트 삼아 집으로 돌아간 것처럼, 아이가 도서관으로 자연스럽게 들어가기를 바라며 도서관을 향해 수많은 과자 부스러기를 흘려두었다. 네가 조금씩 조금씩 도서관에 스며들 수 있게.

아기 띠 밖으로 아이의 발이 버둥대던 시절부터 도서관을 다니며 익숙한 환경으로 만들어 주고, 책 한 권 빌리러 가기가 천릿길처럼 멀게 느껴지던 걸음마 시절에도 도서관에 나들이를 갔다. 조금 커서는 도서관 놀이터에서 미끄럼틀만 신나게 닳도록 타고 오기도 했다. 책 보는 곳은 이렇게 즐거운 곳이야! 라고 느꼈으면 하는 마음으로.

가는 길에 이름 모를 들풀과 작은 돌멩이들에 마음이 뺏겨버린 아이 때문에 도서관 가자고 나섰던 발걸음 돌려 집으로 돌아오는 날도 허다했지만, 그 시간이 모두 쌓여 이제 아이는 나의 도서관 데이트 짝꿍이 되었다. 나는 책을 고르고, 아이는 자연스럽게 책을 뽑아 앉아 그림을 보며 책장을 넘긴다. 감격의 한 장면 아니던가.

 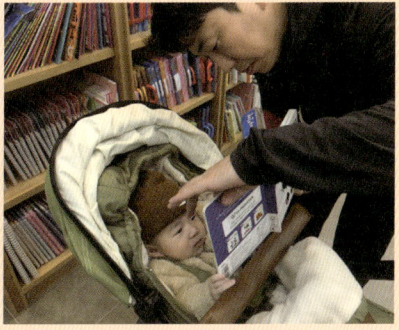  

#가을 놀이조각 2. 도서관으로 놀러 가요!

좋은 책들을 빌려 아이와 이야기 할 수 있는 도서관은 최고의 놀이터예요. 도서관으로 놀러 가볼까요? 그런데 갑자기 어느 날 아이를 도서관에 데려가서 "쉿! 조용히 해야지"라고 말한다면 책 보는 일에 흥미를 잃거나 도서관은 재미없는 곳이야! 라고 생각할 수 있습니다. 어릴 때부터 도서관 환경에 익숙하게 해 주세요. 꼭 책을 빌리거나 보지 않아도 도서관 놀이터에서 놀거나, 맛있는 과자 들고 도서관 앞 놀이터에서 피크닉만 하다 와도 좋습니다. 아기 때는 책 읽기보다 책 저지레만 하고 와도 그것으로 충분해요. 요즘 도서관에는 유아열람실에서 자유롭게 기어 다닐 수 있도록 마루가 잘 깔려있고, 재미있는 프로그램이 있는 도서관들이 많습니다. 적극적으로 활용해 보세요.

가을이 준 선물

    내 책 한 권, 네 책 한 권 사이좋게 빌려 돌아오는 길 낙엽이 발밑에서 바스락댄다. 아이는 깊은 낙엽 이불 밑으로 발을 쑤욱 넣더니 그대로 발을 차올린다. 낙엽이 하늘 위로 흩어진다. 한술 더 뜬 엄마는 낙엽 한 줌 쥐어 더 높이 뿌린다. (벌레들도 같이 떨어진다. 까짓것 좀 털어주지 뭐) 낙엽을 가지고 한참을 놀이하며, 발로 손으로 걷어내고 걷어내니 이제는 땅바닥에 떡 달라붙어 있는 축축한 낙엽만 남는다. 바스락 소리가 그리워 또 낙엽 더미가 쌓인 곳을 찾아 낙엽 여행을 떠난다.

    낙엽 여행을 마치고 돌아오는 우리의 두 손엔 가을이 준 선물이 가득하다. 집에 들어가기 전 툴툴 다 털어놓고 가기 아쉬워 그중 가장 고운 것들을 골라 모아 집으로 데려온다. 낙엽, 솔방울, 도토리 깍지, 나뭇가지…. 우리 집에도 가을이 왔다. 찬란한 계절, 가을. 눈부시고 찬란한 것들은 원래 그 순간이 짧은 걸까? 짧은 가을 아쉬움 없이 아이와 맘껏 느끼고 표현하며 누려야지. 지금, 이 가을을!

#가을 놀이조각 3. 가을 모빌을 만들어요.

아이와 함께 소중하게 담아 온 가을 자연물로 모빌을 만들어보세요. 나뭇가지에 지끈을 묶고 자연물을 달아주면 끝! 가을 나뭇잎은 나무 집게로도 손쉽게 달 수 있어요. 가을볕 잘 드는 곳에 달아 아이와 함께 하는 이 가을을 마음껏 느껴 보아요.

겨울

아이와의 추운 겨울 한 편엔 포근하고 따스한 기억이 소복이 쌓여있다.
'사랑스런 우리 아가~' 살결을 부비며 꼭꼭 붙어있던 날들,
훈훈한 방 안의 공기만큼이나 너를 향한 마음의 온도는
늘 36.5도가 넘었던 날들이기에.

우스갯소리가 있다. 눈 오는 날 눈사람 만들고 눈싸움하며 뒹굴어 놀기보다, 하얀 창밖을 바라보며 따뜻한 차 한 잔 하고 싶다면 나이가 든 거라고. 아직 동심이 살아있는지 뽀득뽀득 눈을 밟는 것이 좋지만, 이젠 카페에 앉아 겨울의 동심을 바라보는 것 또한 나쁘지 않은, 어른이 되었다.

아이가 태어났던 그해 겨울엔 유난히도 보일러를 많이 틀었다. 이 조그만 아이가 혹여 감기라도 걸릴까, 방마다 온습도계를 놓고 어찌나 절절맸던지. 겨울이, 실은 하루하루가 어떻게 갔는지도 모른 채 봄을 맞았다.

그럼에도 불구하고 아이와의 추운 겨울 한 편엔 포근하고 따스한 기억이 소복이 쌓여있다.
'사랑스런 우리아가~' 살결을 부비며 꼭 붙어있던 날들, 훈훈한 방 안의 공기 만큼이나 너를 향한 마음의 온도는 늘 36.5도가 넘었던 날들이기에.

첫 눈이 오는 풍경

온통 하얀 세상이다. 이미 색을 찾아볼 수 없는 풍경 위로 끊임없이 하얀 눈이 덧칠해진다. 대설이라고 한다. 이렇게 많은 눈은 정말 오랜만이다. 창문 앞에 다닥다닥 붙어있는 아이와 남편을 보니, 새하얀 도화지 위에 커다란 붓을 들고 두 사람을 그려낸 듯하다.

아이가 밖으로 나가자고 보챈다. 눈이 너무 많이 오는데 괜찮을까? 시야가 확보되지 않을 만큼 쏟아지는 눈송이들에 걱정이 앞선다. 그러다가 문득, 너에게 한– 껏 느끼게끔 해 주고 싶어졌다. 이게 겨울이야, 이게 바로 눈이야.

　내복 바지를 배 위로 끌어 올려 입히고, 양말 두 겹 신기고, 두툼한 우주복에 분홍색 벙어리장갑과 목도리까지 무장하고 나서야 뒤뚱뒤뚱 아장아장 집을 나섰다. 집 앞에는 한껏 껴입고 눈 속에서 뒹굴어노는 아이들이 가득했다. 아무리 추워도 나가 놀아야지! 다 같은 마음이구나. 그때, 안겨있던 아이가 자신을 내려달라며 바둥거린다. 포옥- 하고 작은 두 발이 눈을 밟았다.

　한 걸음, 두 걸음….

　와아…!

입을 다물지 못하고 눈앞에 펼쳐진 세상을 바라보는 너. 그런 너를 흐뭇한 미소로 바라보는 나. 드라마 속의 한 장면처럼, 우리가 서 있는 곳에서만 시간이 느리게 흐르는 것 같았다. 두툼하게 쌓인 눈을 사박사박 밟아 나가는 너의 뒤로 귀여운 발자국 길이 생긴다.

눈을 굴리는 사람들의 모습을 바라보던 아이가 갑자기 찰푸닥- 하고 주저앉아 손으로 눈을 뭉갠다. 얼른 일으켜 털어주려 하다가 멈칫했다. 두 다리를 눈 속에 파묻은 채 온몸으로 만나는 너를 조금은 기다려주고 싶어서.

결국 아이와 나, 남편까지 모두 눈을 뒤집어쓰고, 눈사람 가족이 되어서야 집으로 돌아왔다. 주머니에 몰래 가져온 눈을 보여주자 아이의 눈이 반짝반짝 빛난다. 손 위에서 녹아 없어지는 눈을 신기해하는 너. 이 순간이 찰나임이 왠지 아쉽지만, 우리가 함께한 '겨울 추억'이 마음에 소담히 쌓인 오늘. 아이는 눈과의 설레는 첫 만남을, 엄마와 아빠는 네가 있어 더 아름다웠던 겨울 풍경을 오래도록 기억하겠지.

네가 있어 더 아름다웠던 어느 겨울날의 풍경

#겨울 놀이 조각 1. 집으로 들어온 눈

눈이 펑펑 내리는 어느 겨울날, '눈'을 집으로 가져온다면? 따스한 집 안 공기에 사르르 녹아 버리는, 욕조에 받은 목욕물에서 만지는 차가운, 장난감 숟가락으로 퍼내어 먹는 시늉을 할 수 있는, 물감을 살짝 넣어 색을 입힌. 다양한 모습의 눈으로 놀이해 볼 수 있어요. 조금 특별한 겨울의 추억을 아이와 함께 만들어 보아요.

동화 속 장면보다 더 예쁜, 우리 집 크리스마스

"Last Christmas~ I gave you my heart…"

어? 캐롤이다. 거리에 흐르는 음악에서 크리스마스가 물씬 느껴진다. 아직 11월 초인데 벌써 여기저기 찾아왔다. 백화점에는 커다란 트리가 반짝이고, 상점의 창가에는 각종 장식들이 매달려 흔들거린다.

아이가 태어난 첫 겨울부터 마음속에 그려왔던 동화 같은 장면. 가족이 함께 모여 트리를 꾸미는 오순도순하고 포근한 모습. 예쁘고 아기자기하고 따스한 가족의 행복한 겨울. 올해는 왠지 아이와 함께 만들 수 있지 않을까? 남편 앞에서 며칠이나 이런 이야기로 노래를 부르다가 결국 작은 트리를 샀다.

두근거리는 마음으로 집안 가득 울려 퍼지는 캐롤을 틀었다. 트리를 만들겠다며 모여 앉은 우리의 모습이 귀엽다. 아이는 아직 크리스마스를 잘 모르면서도, 엄마의 들뜬 모습을 보며 이것저것 만지작거린다.

14개월 된 아이와 함께 트리 만들기라니…. 음, 상상했던 것만큼 마냥 순탄하고 동화 같은 모습만은 아니었다. 아이 챙기며 트리의 모양새를 급히 다듬느라 손끝이 아리기도 했고, 중간에 장식을 달던 아이에게 트리가 쓰러진다거나, 꼬인 알전구를 푸는 데 옆에서 더 뭉치고 있는 아이에게 인내심을 시험당하는 등 크고 작은 이벤트들이 예고 없이 찾아왔다.

#겨울 놀이 조각 2. 특별한 크리스마스 장식

어디서나 볼 수 있는 크리스마스 장식 말고, 우리 가족만의 크리스마스 장식을 만들어 보면 어떨까요? 두툼한 박스에 물감으로 손바닥, 발바닥을 찍어낸 뒤 오려도 좋고, 안 신는 양말을 잘라 그 안에 솜이나 화장솜을 넣은 뒤 리본을 달아 만들어 볼 수도 있어요. 혹은 아이가 좋아하는 작은 장난감에 끈으로 고리를 달아서 걸어 둘 수도 있죠.

매년 크리스마스 때마다 가족이 함께 트리나 집 안의 장식을 만드는 리추얼로 연결해 보세요. 함께 만든 장식들은 상자에 잘 보관했다가 다음 해에 꺼내 보며 크리스마스의 추억을 연결해 보는 것은 어떨까요? 우리 가족만의 소중한 추억을 작은 장식과 함께 차곡차곡 담아 보아요.

 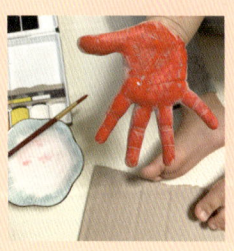   

그럼에도 불구하고 동그란 구슬, 금띠를 두른 선물상자, 빨간 지팡이…. 그런 것들을 아이와 함께 매달고 마주 보며 미소 짓는 귀여운 순간들이 훨씬 많았기에 우리의 트리에는 행복함이 주렁주렁 걸렸다.

무엇보다 불을 탁- 하고 끄는 순간 표정으로 놀라움을 말하는 너와, 이 순간이 그저 행복해서 눈물까지 핑 도는 나. 그리고 우리 사이에 흘렀을 어떤 교감. 예쁘다. 그 어느 동화 속 장면보다도 더 예쁘다.

#겨울 놀이 조각 3. 새콤달콤하고 따스한 행복

밖에 나가 겨울을 마음껏 느낄 수 있다면 좋겠지만, 너무 추운 날씨에는 집에서 시간을 보내야 하죠. 겨울이 되면 더 소중하게 느껴지는 '따스한' 행복을 나누어 보는 것은 어떨까요? 폭닥폭닥한 이불을 덮고 귤 하나씩 까먹으며 새콤달콤한 순간을 함께해요.

귤의 향과 맛을 실컷 보고 난 뒤 귤껍질 위에 그림을 그려보아요. 그런 다음 귤 껍질을 다양한 방법으로 벗겨 볼까요? 벗긴 귤을 컵에 주욱 짜거나, 지퍼백에 넣어 으깨 볼 수 있어요. 껍질은 잘라서 그림 위에 붙여도 좋고, 잘 말려서 믹서기에 갈아낸 뒤 방향제로 집안 곳곳에 두어 보세요. 겨우내 집안에 은은한 귤 향이 퍼져 있게 될 거에요.

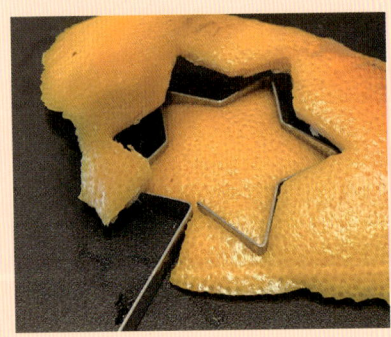  

책 속 추천도서

제1장 0~6개월 어서 와, 이 세상에 온 걸 환영해

첫 목욕
(색깔이 나타나는 목욕책)개구리가 퐁당! | 테레사 벨론 저 | 보림
(색깔이 나타나는 목욕책)돌고래가 첨벙! | 테레사 벨론 저 | 보림

첫 마사지
뽀뽀해 쪽쪽! | 캐런 카츠 글그림/마술연필 역 | 보물창고
안아 줘! 뽀뽀해 줘! | 레슬리 패트리셀리 글그림/마술연필 역 | 보물창고

첫 배밀이
수잔네의 봄 | 로트라우트 수잔네 베르너 저/윤혜정 역 | 보림qb
배밀이 놀이책 | 이도균 그림 | 스마트베어

육퇴클럽 0~6개월의 아기와 어떻게 놀이하며 상호작용하지?
사랑 사랑 사랑 | 맥 바넷 글/카슨 엘리스 그림/김지은 역 | 웅진주니어
엄마 도감 | 권정민 글그림 | 웅진주니어
어른들 안에는 아이가 산대 | 헨리 블랙쇼 글그림/서남희 역 | 길벗스쿨
너는 나의 모든 계절이야 | 유혜율 글/이수연 그림 | 후즈갓마이테일
오늘 상회 | 한라경 글/김유진 그림 | 노란상상

제2장 7~12개월 세상은 정말 재미있는 곳이야

첫 엄마아빠
우리 엄마 | 앤서니 브라운 글그림/허은미 역 | 웅진주니어

우리 아빠 | 앤서니 브라운 글그림/공경희 역 | 웅진주니어
아빠랑 나랑 | 조현진 글그림 | 노란상상
엄마가 안아 줄게 | 김은정 글그림 | 그린북

첫 흉내 내기

곤지곤지 잼잼 | 최숙희 글그림 | 푸른숲주니어
달님이 달강달강 | 이정임 저/이명주 그림/윤여림 감수 | 넥서스주니어

제3장 13~18개월 반짝이는 호기심으로 즐기고

첫 그림자놀이

빛놀이 | 에르베 튈레 저 | (주) 루크북스
빛을 비추면 | 김윤정 저/최덕규 그림 | 윤에디션

첫 어린이집

우리는 언제나 다시 만나 | 윤여림 글/안녕달 그림 | 위즈덤하우스
엄마, 가지 마 | 마이클 달 글/오리올 비달 그림/최용은 역 | 키즈엠
룰루랄라 어린이집 가는 날 | 궨나엘 불레 글/델핀 셰드루 그림/공상공장 역 | 키즈엠

제4장 19~24개월 너의 색으로 물들여봐

첫 기저귀 떼기

누구나 눈다 | 고미 타로 글그림 | 한림출판사
응가, 안녕! | 유애순 글/권사우 그림 | 길벗어린이
응가하자, 끙끙 | 최민오 저 | 보림

저자 소개

그토록 많은 아이들의 여정에 함께했음에도,
내 아이 기르는 것은 결코 쉽지 않았습니다.
매일 흔들리고 또 고민했습니다.
그러나 고민하고 걱정하는 순간에도
아이는 자신만의 속도로 자라고
온 몸으로 세상과 만나고 있었습니다.
흘러가면 다시 돌아오지 않을 아이의 모든 첫 순간을
마음껏 누리고 빛내시길 바라는 마음을 담아 이 책을 썼습니다.

강서경   @playprojecter
아이들에게 닿는 그림책과 교육 콘텐츠를 기획 개발하는 연구원으로 근무하였다. 현재는 아이들과 직접 마주하고 교감하며 살아있는 교육을 위해 공립유치원 교사에 재직 중이다. 교육과 육아에 진심을 다하는 마음으로 그림책 강연 및 유아교육 관련 유튜브를 운영하고, 매일 네 살 아들과 그림책을 타고 상상의 세계로 여행하며 놀이한다.

김남행   @mallang_ssam
아이들의 자연스러운 삶과 놀이 속에서 배움의 의미를 발견하는 공립유치원 교사이다. 세 살 딸아이와 함께하는 일상의 매 순간을 귀하게 여기며 기록으로 남기고, 놀이를 통한 소통의 과정을 SNS에 공유하여 많은 교사와 부모에게 선한 영향력을 미치고 있다. 아이들의 삶을 가장 행복하게 하는 것은 놀이라는 믿음을 가지고 영유아 놀이에 관한 연구를 지속하고 있다.

김문정　@mooni_life

영아가 지닌 무한한 배움의 가능성을 믿으며 0~2세 영아대상 보육기관을 운영하는 어린이집 원장이다. 유아교육 잡지에 수년간 영아놀이를 연재하였고, 현재 박사과정 재학 중으로 늘 연구하는 마음으로 다채로운 시도를 하고자 한다. 사랑하는 아이와 일 사이에서 균형을 잡아가는 스스로의 경험을 바탕으로, 힘들게 육아하는 부모들을 기꺼이 돕는 사람으로 살고 있다.

김혜진　@eumedulap

어린이의 가능성과 놀이의 중요성을 믿는 마음을 담아 12년간 유치원 교사로 근무하였다. 현재는 박사과정에 재학하며 교육을 깊이 있게 연구하고, 강의를 통해 유아, 교사, 부모에게 영감과 울림을 전하는 이음 교육연구소의 소장이다. 작고 느린 순간을 소중히 여기며, 내 아이가 고유한 모습으로 자유롭게 살아가기를 바라는 엄마이기도 하다.

문진미　@why_ssam

아이들 곁에서 함께 걸으며 그들의 놀이와 발달을 관찰하고 기록하는 8년차 공립유치원 교사이다. 현재는 한 아이의 삶과 성장을 바라보고 추억으로 남기는 1년차 엄마이기도 하다. 한 순간 한 순간을 의미 있게 탐구하는 연구자로, 때로는 내딛는 걸음마다 좌충우돌을 경험하는 초보엄마로 살고 있다. 소중한 삶 속에서 흘러가는 생각들을 SNS에 사진과 글로 담아내는 것을 좋아한다.

그리고 『첫 순간 첫 놀이』를 진심으로 즐겨준 사랑스런 아이들
장이솔 이제이 정해니 안소이 이도운
김예준 유지아 한서윤 박도하 김정우 신승규

추천의 글

아이가 태어났다고 해서 부모가 되는 것이 아니라 부모는 되어가는 것이다. 부모는 아이와 함께 하는 모든 순간이 언제나 처음이다. 한 살짜리 아이의 처음 부모였다가 그 이듬해에는 또다시 두 살짜리 아이의 처음 부모가 된다. 해마다 서툴게 허둥대다 그 시간이 지난 뒤에 돌아보며 아쉬워한다. 아이를 내 마음대로 할 수 없다는 것을 알게 되고 한발 물러나 아이의 삶을 지켜보는 법을 배우게 된다. 그렇게 해마다 조금씩이라도 나은 부모가 되어간다. 아이가 없었다면 우리가 지금처럼 이렇게 진실 되게 사랑, 용서, 포용, 기다림의 의미를 알게 되었을까?

우주의 신비로운 기적같이 아이는 내 품에 왔다. 아이는 팔을 뻗어 나를 만지고, 나의 눈을 들여다보며 웃어준다. "엄마 잘하고 있어요, 아빠 고마워요!" 그렇게 말하듯이. 아이는 부모의 마음 연못에 작은 돌멩이를 쉴 새 없이 던져 자꾸만 여운을 만든다. 그 마음의 여운 때문에 한없이 두근대고, 설레고, 행복하고, 소망이 생긴다. 아이는 부모에게 무엇을 기대할까. 아이에 대한 부모의 기대를 내려놓고 아이가 부모에게 바라는 기대를 생각해본다. 아이는 세상에서 만나는 모든 첫 만남을 함께 감탄해주기를 바랄 것이다. 아이가 발견하게 될 모든 장면, 도전하게 될 모든 모험에 아이가 이룬 놀라운 성공을 함께 기뻐해 줄 어른이 아이에게는 꼭 필요하다.

시작하는 젊은 부모들이 만든 책 『첫 순간 첫 놀이』는 아이가 부모에게 바라는 기대를 담고 있다. '나의 모든 처음을 함께 해주세요' 하는 아이의 바람을 보여준다. 나도 그 시간에는 미처 깨닫지 못했던, 놓쳐버린 순간에 대한 아쉬움을 떠올리게 한다. 처음 부모가 되는 이 책의 독자들이 아이의 모든 첫 순간, 그 경이로움의 가치를 배울 수 있기를 바란다.

_최명희(신구대학교 보육복지과 교수, 『부모다움』 『아이와 통하고 싶다』 저자)

아이의 두뇌와 신체 발달을 촉진하는 가장 중요한 방법은 놀이와 경험을 통해 자극하는 것이다. 소아과 전문의로서 진료실에서 차마 다 전하지 못한 세세한 아이들의 발달 과정과, 놀이방법 등이 자세히 나와 있어 무척 반가운 마음이 들었다. 이 책은 비싼 교구와 어려운 재료가 아닌 주변에서 쉽게 구할 수 있는 재료들로 채워져 있다. 게다가 아이의 호기심을 자극하고 놀이를 이끌어 갈 수 있는 엄마, 아빠의 생생한 문장들이 들어있어서 초보 엄마, 아빠들의 좋은 길잡이가 되어 줄 것이다. _이지은(소아과 전문의)

엄마의 일기장을 펼친 듯 모든 것이 조심스럽고 떨렸던 첫 육아의 순간들이 떠올라 책을 보는 것만으로도 행복했습니다. 놀이 속에 녹아있는 따스한 눈빛, 부드러운 목소리, 애정 어린 스킨십이 그대로 전달되어 아이의 마음을 가득 채우는 것 같아 저도 제 아이와 함께 하고 싶었습니다. 우리 아이의 행복한 성장을 바라시는 모든 부모님들께 이 책 속의 놀이들을 추천합니다. _정유진(유치원 교사, 『놀이로 풀어보는 유치원 학급운영』, 『놀이중심 교육과정 119』 저자)

쏟아지는 육아서적들 속에서 헤매던 시절이 있었다. 마흔이 넘어 첫 아이를 낳고 난생 처음 엄마가 되었던 그 때! '그래서 이걸 하라고? 에고~' 하고 덮었던 수많은 기억들이 있다. 그랬던 내가 이 책을 단호하게 육아입문서라고 말할 수 있다. 누구나 따라할 수 있을 정도로 쉽다. "맞아요! 이게 놀이예요! 놀이 거창한 거 아니에요! 생활 속에 다 있어요! 심지어 바로 사용가능한 대사까지 적혀 있어요." 한 가지 바람이 있다면, 저자들의 아이 성장단계에 따라서 계속 시리즈로 만들어주면 좋겠다는 거! 금단현상이 일어날 것 같다. _구민주(지호, 지민, 지안 엄마)